¿Eres cristiano del Tercer Día?

CASA CREACIÓN

Sammy Rodríguez

¿Eres un cristiano del Tercer Día? por Sammy Rodríguez
Publicado por Casa Creación
Una división de Strang Communications Company
600 Rinehart Road
Lake Mary, Florida 32746
www.casacreacion.com

A menos que se indique lo contrario, todos los textos bíblicos han sido tomados de la Versión Reina-Valera de 1960.

ISBN: 0-88419-712-3

Traducido por Andrés Carrodeguas

012345 RRD 87654321

Impreso en los Estados Unidos de Norteamérica

ÍNDICE

AVIVA A LOS LEONES Y CORDEROS DEL TERCER DÍA

¡Tiene que haber más, tiene que haber más, *tiene que haber más, tiene que haber más!* Crecí en una iglesia pentecostal; vi los "calores, temblores y sacudidas"; sin embargo, había un eco que resonaba, reverberando dentro de las paredes de mi espíritu: *¡Tiene que haber más!* Ese eco se convirtió en el clamor de mi espíritu, el grito de mi alma y el anhelo de mi corazón. Tiene que haber más.

En un sentido metamórfico, este eco reflejaba la ansiedad de una generación entera en una hora crucial para la Iglesia cristiana; una generación que exigía una cosa: ¡Más! **Tiene que haber más.** Tiene que haber algo más que el fervor religioso y el denominacionalismo. Tiene que haber más que las reuniones, los cultos, los congresos, las convenciones, las campañas... más que los libros, las cintas y los videos... más que la televisión y la radio...**más que el fervor y el fanatismo... más que los movimientos y los desfiles... más que las estrategias y los manuales... más que los avivamientos geográficos y una iglesia aquí y otra allá que están experimentando un mover nuevo, una ola fresca...tiene que haber más.** Tiene que haber algo más que la jerarquía ministerial, la burocracia y las organizaciones de los hombres. Tiene que haber más.

MI ANHELO

Éste era mi anhelo al final de la década de los noventa, al final del siglo XX. El avivamiento se estaba extendiendo a través de diferentes iglesias en distintas regiones geográficas de todos los Estados Unidos y la América Latina. Sin embargo, prevalecían un gran anhelo y un hambre inmensa. No todo el cuerpo de Cristo estaba abrazando el avivamiento. La Iglesia del Evangelio completo, la llena del Espíritu, no lo aceptaba del todo. ¿Por qué? Tenía que haber algo más.

Fue entonces cuando me di cuenta.

> *Nos dará vida después de dos días; en el tercer día nos resucitará, y viviremos delante de él.*—OSEAS 6:2

¡La Iglesia del Tercer Día es una iglesia...

* **Reavivada,**
* **Resucitada,**
* **Viva!**

> *Mas, oh amados, no ignoréis esto: que para con el Señor un día es como mil años, y mil años como un día.*—2 PEDRO 3:8

6

* **Los mil primeros años del cristianismo fueron el primer día..**

* **Los mil años siguientes del cristianismo fueron el segundo día..**

* **El 1º de enero del 2000, ¡comenzamos el tercer día!**

En las Escrituras, los acontecimientos más poderosos se realizaron al tercer día:

✳ **Abraham ofreció a Isaac**—Génesis 22:4
✳ **Le fueron añadidos años a la vida de Ezequías**—2 Reyes 20:5
✳ **Jonás fue expulsado por el gran pez**—Jonás 1:17
✳ **El agua fue transformada en vino**—Juan 2:1
✳ **Jesús fue resucitado**—Juan 20:1

Al tercer día, la Iglesia va a ofrecer un sacrificio de alabanza. Le serán añadidas bendiciones. El mundo no va a tolerar la gloria y la santidad de Dios en su pueblo, y no va a tener más remedio que soltarnos y dejarnos ir cuando despertemos y salgamos de las tumbas religiosas en que estábamos metidos y nos preparemos para ascender hasta la presencia de Dios.

No olvidemos que, según Oseas 6:2, el avivamiento es el primer paso. Al tercer día, Dios no sólo nos va a reavivar, sino que nos va a resucitar, y viviremos delante de su presencia. :La pregunta del momento...**la pregunta que se oye por todos los rincones dentro del cuerpo de Cristo...la pregunta que estremece con su sonido nuestra alma y nuestro espíritu...a pregunta que se oye desde el púlpito de todos los predicadores, en todas las congregaciones de los Estados Unidos y del mundo entero... la pregunta es: "¿Somos nosotros los del tercer día?"**

EL LANZAMIENTO

El avivamiento lanza al creyente al tercer día. En la parte final del siglo XX comenzó ese lanzamiento. El siglo XX en pleno creó la plataforma de lanzamiento de esta gran nave espacial llamada *La Iglesia del tercer día*. Los movimientos pentecostales, llenos del espíritu, carismáticos, inundaron y saturaron al cuerpo de Cristo. Son los movimientos religiosos más grandes y que crecen con mayor rapidez en el planeta. Pero lo que hemos experimentado ya—incluso a fines de la década de los noventa—sólo eran las primeras gotas de lluvia, la llovizna inicial del mayor de todos los derramamientos de la gloria, la presencia y la unción de Dios que se hayan presenciado jamás en la historia de la Iglesia. Bienvenido al avivamiento; no sólo unas cuantas gotas de lluvia o una llovizna, sino el pleno aguacero.

Nos dará vida después de dos días...—Oseas 6:2

En todo su sentido práctico, los dos primeros milenios del cristianismo han terminado. Démosle la bienvenida al tercer día. Dios nos ha prometido avivarnos en él..

¿QUÉ ES EL AVIVAMIENTO?

Avivamiento: vaya palabra. Avivamiento: demasiado expresada, demasiado utilizada, mal definida, mal comprendida, manipulada, mal interpretada, explotada y exagerada. Hay quienes piden el avivamiento, pero cuando lo reciben, lo rechazan. Hay quienes claman pidiéndolo, pero una vez que lo reciben, fundan comités y resoluciones para controlarlo. Avivamiento; vaya palabra. Pero es algo que va más allá de una palabra; es el derramamiento del corazón de Dios sobre su pueblo. Despertándonos; preparándonos para el próximo nivel. El avivamiento es el catalizador de nuestra jornada. Es el primer paso hacia recibir más. Es un paso que debemos dar todas las iglesias, todos los ministros y todos los creyentes: usted, yo y

¡DIOS SIEMPRE NOS DESPIERTA PARA HACER QUE NOS LEVANTEMOS Y SUBAMOS MÁS ALTO!

8

todo el cuerpo de Cristo. El avivamiento es la primera etapa.

> *Nos dará vida después de dos días; en el tercer día nos resucitará, y viviremos delante de él.*—OSEAS 6:2

El avivamiento es el primer paso. No es el final, sino sólo el comienzo. Es el primer paso en el camino. Ser avivado equivale a ser despertado. Durante los dos primeros días del cristianismo, la Iglesia en sentido colectivo no estaba totalmente despierta. En los cien años pasados, el Espíritu comenzó a despertarla. Los grandes movimientos carismáticos, pentecostales y de Evangelio completo que se extendieron por los Estados Unidos y por el resto del mundo fueron el comienzo de los vientos de avivamiento que soplaron por todo el horizonte del cuerpo de Cristo. La Iglesia estaba despertando. Por encima del fango cenagoso de la religiosidad y las estructuras

PREFIERO PERDERME EN SU PRESENCIA, A SER HALLADO EN ESTE MUNDO.

creativas hechas por el hombre, el Espíritu de Dios se comenzó a mover en este siglo XX que acaba de pasar.

Dios nos aviva para que vivamos ante su presencia. La Iglesia de Dios está experimentando avivamiento. El cuerpo de Cristo lo está experimentando. Lo está experimentando su ejército. Lo está experimentando la novia. El avivamiento grande y total se cumplirá ahora, en el tercer día

DE CORDERO A LEÓN

Así que ésta es mi pregunta: ¿Qué está avivando Dios? A quién está avivando? El día del cordero ha llegado. Abraham participó en la experiencia del tercer día, y a través de él hemos podido captar un primer vistazo del Cordero:

Al tercer día alzó Abraham sus ojos, y vio el lugar de lejos. Y tomó Abraham la leña del holocausto, y la puso sobre Isaac su hijo, y él tomó en su mano el fuego y el cuchillo; y fueron ambos juntos. Entonces habló Isaac a Abraham su padre, y dijo: Padre mío. Y él respondió: Heme aquí, mi hijo. Y él dijo: He aquí el fuego y la leña; mas ¿dónde está el cordero para el holocausto?—GÉNESIS 22:4, 6-7

La pregunta de Isaac quedó respondida dos mil años más tarde, cuando Juan el Bautista clamó:

He aquí el Cordero de Dios, que quita el pecado del mundo.—JUAN 1:29

Al tercer día, Dios está avivando a los corderos. ¿Dónde está el cordero? Jesús es el Cordero de la Gloria. El primogénito entre muchos hermanos. Por consiguiente, usted también es un cordero. Al tercer día, descubrimos nuestra verdadera identidad ante la presencia de Dios.

¿Quién soy yo? Y, ¿quién es usted?

* **El mundo le diría: "Conócete a ti mismo, y después trata de conocer a Dios."**

* **Pero en el tercer día, en el conocimiento de Dios me conozco a mí mismo, y en el hallazgo de Dios me encuentro a mí mismo.**

Sin Dios, no soy nada. Sin Dios estoy perdido. Sin Dios no existo. Blas Pascal decía: "Creo, luego existo". No hay identidad alguna fuera de Jesús. Fuera de Dios, no me puedo conocer a mí mismo. En cambio, en Jesús me hallo a mí mismo.

En Él soy:

* **Más que vencedor**—*ROMANOS 8:31*
* **La sal de la tierra**—*MATEO 5:13*
* **La luz del mundo**—*MATEO 5:14*
* **Culto racional**—*ROMANOS 12:1*
* **Columna de hierro y muro de bronce** —*JEREMÍAS 1:18*

Desde el momento en que Dios me halla a mí y yo lo hallo a Él, mi objetivo consiste en perderme de nuevo, pero esta vez, en Él. *Oh Dios, deja que me pierda en tu presencia. Permite que pierda mi identidad, mis objetivos y mis sueños. Deja que me pierda en la cruz para no volver a ser encontrado nunca, sino permanecer siempre seguro a la sombra de tus alas.*

* **Cristo fue crucificado como cordero,**
* **Resucitó con león,**
* **Regresará sobre un caballo blanco, y con la fragancia de una rosa.**

Jesucristo es cordero y león a la vez. Nosotros también somos corderos y leones. Sin embargo, durante los dos primeros días, hemos confundido estas dos identidades.

* **En el primer día éramos leones por dentro y corderos por fuera.**
* **En el segundo día éramos corderos por dentro y corderos por fuera.**
* **Pero en el tercer día nos volvimos corderos por dentro y leones por fuera.**

El grito de avivamiento que procede del cielo no es más que la voz de Dios que le dice a su pueblo: "¡Despierten! ¡Despierten y derroten a la serpiente! ¡Despierten y derroten a los leones de los coliseos romanos!"

* **En el primer día prevalecieron los leones de los coliseos romanos.**

* **¡En el tercer día reinará el León de la tribu de Judá!**

¡Oh Dios, aviva a los leones del tercer día! En el primer día, fuimos devorados por los leones de Roma; en el tercero reinaremos con el León de la tribu de Judá. Si Jesús es el León de la tribu de Judá, entonces nosotros somos sus co-leones en el mundo de hoy. Somos los leones de la Iglesia del tercer día. Nuestro deber como leones exige de nosotros más que un simple rugido controversial o dudoso en medio de un servicio glorioso. Va más allá de una expresión superficial temporal que puede surgir de las cuerdas vocales de una persona. Hablo de la autoridad soberana del León. Hablo del poder y de la unción de Aquél que es el León de la tribu de Judá.

* **En el primer día, huíamos de las flechas del enemigo.**

* **En cambio, en el tercer día seremos nosotros quienes doblaremos el arco de bronce.**

> *Someteos, pues, a Dios; resistid al diablo, y huirá de vosotros.*—Santiago 4:7

12

Doblaremos el arco y lo haremos correr. ¡Qué escena tan extraordinaria! Qué cuadro tan notable nos pinta Dios en el Salmo dieciocho:

> *En mi angustia invoqué a Jehová, y clamé a mi Dios. El oyó mi voz desde su templo, y mi clamor llegó delante de él, a sus oídos. La tierra fue conmovida y tembló; se con-*

> *movieron los cimientos de los montes, y se*
> *estremecieron, porque se indignó él. Humo*
> *subió de su nariz, y de su boca fuego con-*
> *sumidor; carbones fueron por él encendidos*
> *Cabalgó sobre un querubín, y voló; voló*
> *sobre las alas del viento.*—SALMO 18:6-10

Dios, en su celo y pasión por usted, es capaz de dividir las aguas, las montañas y los mares, sólo para llegar a usted. En toda la creación no hay una sola cosa que se pueda interponer en su camino. Ni las mismas nubes tienen la velocidad suficiente para evadirlo cuando Él se apresura a socorrerlo. Él cabalga sobre las alas de los ángeles para acelerar su llegada:

> *Cabalgó sobre un querubín, y voló; voló*
> *sobre las alas del viento. Puso tinieblas por*
> *su escondedero, por cortina suya alrededor*
> *de sí; oscuridad de aguas, nubes de los*
> *cielos.*—SALMO 18:10-11

Ésta es la prioridad que Dios le da a la ayuda en sus problemas y circunstancias. Los toma de su ambiente y deposita la carga sobre sus propias espaldas. ¡Aleluya!

> *Por el resplandor de su presencia, sus nubes*
> *pasaron; granizo y carbones ardientes.*
> *Tronó en los cielos Jehová y el Altísimo dio*
> *su voz; granizo y carbones de fuego. Envió*
> *sus saetas y los dispersó; lanzó relámpagos y*
> *los destruyó... Me sacó a lugar espacioso;*
> *me libró, porque se agradó de mí... Quien*
> *adiestra mis manos para la batalla, para*
> *entesar con mis brazos el arco de bronce.*—
> *Salmo 18:12-14, 19, 34*

13

¿Por qué adiestra Dios mis manos para la batalla? Porque me ha llenado de poder para derrotar al enemigo. ¿Por qué doblar el arco de bronce? Porque no es de oro, sino de bronce. El bronce es una imitación del oro. Se le parecerá, pero no lo es. Satanás imita a Dios, pero no es Dios. Dios nos equipa con el poder necesario para arrebatarle a Satanás sus propias armas a fin de alterar sus ataques. En lugar de afligirnos él a nosotros con sus flechas, es él

EL CONVIERTE MI TORMENTA EN SU DOSEL, DE MANERA QUE SU LUZ PUEDA RESPLANDECER SOBRE MÍ.

quien es afligido con esas mismas flechas, que se vuelven contra él. Y cuando sus propias armas se vuelven en contra suya para atacarlo, él comienza a huir.

¡Entiese el arco! En el segundo día, nos pasamos la mayor parte del tiempo esquivando sus flechas. En el tercer día, tenemos la unción suficiente para doblar el arco.

Jehová derrotará a tus enemigos que se levantaren contra ti; por un camino saldrán contra ti, y por siete caminos huirán de delante de ti.—DEUTERONOMIO 28:7

Levántese Dios, sean esparcidos sus enemigos, y huyan de su presencia los que le aborrecen.— SALMO 68:1

14

Hágalo correr, hágalo correr, hágalo huir. La unción y la gloria deben llegar a ser tan fuertes sobre su vida, que el enemigo tenga que salir huyendo. La unción de la tribu de Judá deberá ser tan fuerte sobre su vida, que la serpiente se tendrá que escurrir con toda rapidez en su huida.

✳ **En el primer día, le temimos al diablo.**

✳ **Pero en el tercero, es el diablo el que nos va a temer a nosotros.**

Puso luego en mi boca cántico nuevo, alabanza a nuestro Dios. Verán esto muchos, y temerán, y confiarán en Jehová.—SALMO 40:3

En el tercer día, la alabanza regresará al propósito que le señalan las Escrituras. En lo más profundo de nuestro ser existe una alabanza que va a provocar que el enemigo nos tema. El salmista estaba diciendo que desde lo más profundo de su ser, había buscado y hallado una alabanza; y que, al liberarla, el Hades cerró sus puertas. ¡Qué revelación tan poderosa! No es Dios quien cierra los infiernos cuando nosotros alabamos. Es el enemigo mismo el que lo hace.

¿POR QUÉ TENEMOS QUE ESTAR ENFRENTÁNDONOS A LOS EFECTOS DEL PECADO TODOS LOS DOMINGOS, CUANDO NOS PODEMOS ENFRENTAR A SUS CAUSAS?

Para el enemigo, las alabanzas de un santo son una tortura mayor que el fuego del infierno. Alabamos para quitar del medio a Satanás; para quitar del medio a la carne; para quitar del medio al mundo. Adoramos para traer a Dios a nuestra vida. La alabanza saca al diablo. La adoración le abre las puertas a Dios. Tenemos que rugir hasta que hayan huido todas las serpientes. Se van a producir unos cultos y reuniones grandiosos en el tercer día cuando los santos comiencen como leones y terminen como corderos.

15

CUATRO RAZONES POR LAS QUE EL DIABLO NO NOS PUEDE TOCAR

El diablo no nos puede matar. Ni siquiera nos puede tocar. En el tercer día, nos va a tener miedo, y nosotros no le temeremos a él. Hay cuatro razones por las cuales ya no le temeremos.

1. *Estamos escondidos en Cristo Jesús*—Cada vez que el diablo me busque, terminará hallando a Jesús. Cuando envíe a sus demonios en busca suya, ellos van a regresar con las manos vacías para decirle: "Fuimos a la dirección que nos diste y, ¿adivina quién estaba allí? El mismo que te derrotó hace dos mil años en la cruz del Calvario." Eso se debe a que nosotros estamos escondidos en Cristo Jesús.

Porque habéis muerto, y vuestra vida está escondida con Cristo en Dios.—Colosenses 3:3

2. *No es posible tocar a los ungidos* —Mientras estemos ungidos, seremos intocables.

No toquéis, dijo, a mis ungidos....— Salmo 105:15

3. *Ya estamos muertos*—¿Cómo va a poder matar el diablo a alguien que ya está muerto? Si usted ya está muerto, él no lo puede matar.

Con Cristo estoy juntamente crucificado, y ya no vivo yo, mas vive Cristo en mí; y lo que ahora vivo en la carne, lo vivo en la fe del Hijo de Dios, el cual me amó y se en-

16

tregó a sí mismo por mí.—GÁLATAS 2:20

4. *Usted lleva las marcas de Jesús, y nada lo puede molestar* — Su sello de propiedad es evidente sobre la vida de usted. Nadie "se mete" con alguien que lleva los colores de Cristo.

> *De aquí en adelante nadie me cause molestias; porque yo traigo en mi cuerpo las marcas del Señor Jesús.*—GÁLATAS 6:17

En el segundo día, nosotros, los corderos y leones, nos equivocamos. Durante ese segundo día, peleamos entre nosotros y se lo entregamos todo al enemigo.

* **Durante el segundo día, estábamos divididos por las peleas de las denominaciones; durante el tercer día estaremos unidos por un avivamiento lleno del Espíritu.**

* **Durante el segundo día, nos sentábamos en cómodas bancas para escuchar sermones; en el tercer día nos levantaremos en medio mismo de nuestras ciudades para proclamar liberación.**

* **Durante el segundo día, éramos víctimas; en el tercer día seremos vencedores.**

Cuando acudimos todos los días al altar para arrepentirnos de nuestros pecados, creamos un ciclo negativo de perpetuo descubrimiento. Luchamos continuamente con unos pecados que fueron perdonados hace dos mil años. El altar se convierte más en un almohadón psicoterapéutico, que en un lugar espiritual

EL DIABLO PREFIERE ESCONDERSE EN EL INFIERNO A ESCUCHAR LAS ALABANZAS DE USTED.

17

para la renovación. Necesitamos ir más allá del "Soy un pecador salvado por gracia".

Debe existir un equilibrio entre ambas cosas, y existe ese equilibrio. El pueblo del tercer día es un pueblo equilibrado, capaz de diferenciar y distinguir que ante el santo trono de Dios tenemos una individualidad doble. Nuestro ser tiene una identidad dualista. Somos:

* **Pecadores salvos por gracia**
* **Y santos a los cuales su Espíritu ha llenado de poder.**

Nuestra humanidad está llena de su divinidad. El apóstol Pedro, inspirado por el Espíritu Santo, dejó establecida esta realidad.

> *Por medio de las cuales nos ha dado preciosas y grandísimas promesas, para que por ellas llegaseis a ser participantes de la naturaleza divina.*— 2 PEDRO 1:4

* **Durante el segundo día, nos limitábamos a sobrevivir. En el tercer día vamos a triunfar.**

* **Durante el segundo día se trataba de la supervivencia de los mejor adaptados. En el tercer día se trata del éxito de los redimidos.**

18

NECESITAMOS CONVERTIRNOS EN SANTOS A LOS CUALES SU ESPÍRITU HAYA LLENADO DE PODER PARA SU GLORIA.

¿Cuándo van a rugir los hijos del León de la tribu de Judá más fuerte que los leones de los coliseos romanos? No me refiero a un rugido controvertido o literal en medio de un culto. **Me refiero al rugido de la santidad… el rugido del celo por la verdad de**

Dios y por la Palabra de Dios. **Me refiero al rugido de una voz que clama en el desierto. Me refiero al rugido de toda una generación en medio de un mundo angustiado y perverso. Me refiero al rugido de la alabanza y la adoración legítimas.** ¿Cuándo van a hacer más ruido los cachorros del León de la tribu de Judá que los leones del coliseo romano? ¿Cuándo, Señor, cuándo? Porque si Él es el León de la tribu de Judá, y nosotros somos sus hijos, entonces nosotros somos los leones de este mundo de hoy. Sí; es posible ser león y cordero.

* **Somos corderos delante de Dios.**
* **Y leones ante el mundo.**

Tiene una importancia extrema que establezcamos la diferencia. En los dos primeros días, a veces hemos confundido los mantos y las vestiduras que usamos en los lugares correspondientes. Somos una cosa delante del enemigo, y otra delante de Dios. Necesitamos acercarnos a todo con las vestiduras adecuadas.

Me acercaré al enemigo como un santo al que la gloria de Dios ha llenado de poder, al mismo tiempo que me acerco al trono de Dios como un pecador salvado por gracia. Me acercaré al enemigo y al mundo con la cabeza en alto y con un grito en la garganta, pero me acercaré al trono de la gracia postrado por el suelo, con lágrimas en los ojos y con el silencio del cordero. Me acercaré al enemigo totalmente armado, tal como nos exhorta Pablo que hagamos.

Por lo demás, hermanos míos, fortaleceos en el Señor, y en el poder de su fuerza... Vestíos de toda la armadura de Dios, para que podáis estar firmes contra las asechanzas del diablo. — EFESIOS 6:10-11

19

* Debemos presentarnos ante el enemigo totalmente armados y revestidos, pero al acercarnos a Dios, lo debemos hacer desnudos y transparentes por completo.

* Ante el enemigo somos leones, pero ante nuestro Dios somos corderos.

* Ante los coliseos del mundo somos leones, pero ante el altar de la gracia somos corderos.

El verdadero poder del tercer día surge ante el altar de la gracia. Allí es donde comprendo que el león obtiene su autoridad de la sangre del cordero. En la cruz es donde los leones reciben nueva vida. La iglesia del segundo día fue la que regresó a un estilo legalista de pensamiento y se centró más en el aspecto externo de las personas, en lo que vestían, cómo olían y qué probaban, que en la realidad de nuestra justicia en Cristo Jesús. En realidad, reemplazamos la gracia de Dios con otra gracia guiada por la ley. ¿Por qué? ¿Acaso no hemos entendido aún que la gracia de Dios es mayor que la Ley?

> ME ACERCARÉ AL ENEMIGO COMO UN LEÓN, PERO ME ACERCARÉ AL SANTO TRONO DE DIOS COMO UN CORDERO.

* Dios escribió la ley con un dedo,
* Pero la gracia la escribió con las dos manos.

Y, ¿no son acaso dos manos más grandes que un solo dedo? Es importante que la Iglesia del tercer día sepa que los leones del tercer día reciben nueva vida en la cruz. Nosotros somos leones que estamos recibiendo esa nueva vida. Reavivar a los leones es reavivar sus rugidos, y reavivar su realeza; su dominio. Deberíamos estar dominando, y deberíamos estar rugiendo. Con nuestros rugidos deberíamos estar haciendo que los demás sepan que Dios está vivo y en la mejor de las formas. El león obtiene su poder de la sangre del Cordero. La sangre del Cordero habla más alto que la sangre de Abel.

A Jesús el Mediador del nuevo pacto, y a la sangre rociada que habla mejor que la de Abel.— HEBREOS 12:24

✳ **Fue la sangre de Abel la que dijo: "Soy inocente, y sin embargo, muero".**

✳ **Es la sangre del Cordero sobre nosotros la que dice: "Somos culpables, y sin embargo, vivimos".**

La sangre del Cordero habla más alto que la sangre de Abel. Es la sangre que cubre multitud de pecados. Es la sangre del Cordero de la Pascua. Su sangre es más poderosa que la Internet.

✳ **La Internet me conecta con el Japón en tres segundos y medio, pero la sangre de Jesús nos conectará con el cielo en un abrir y cerrar de ojos.**

✳ **Jesús fue a la cruz para que nosotros pudiéramos pasar a la eternidad.**

✳ **Él probó el vinagre para que nosotros pudiéramos probar el vino nuevo.**

✳ **Dijo que todo estaba consumado, para que nosotros pudiéramos comenzar.**

¿Hay leones en la casa? Los leones del segundo día sólo rugían. Los leones del tercero no se van a limitar a rugir:

Van a reinar. La unción real es la que mejor caracteriza al poder del león. Cristo hizo mucho más que salir rugiendo de la tumba; comenzó a reinar sobre su Iglesia. Reinó sobre el mundo y sigue reinando hoy. Jesucristo es Señor. El León de la tribu de Judá reina y reinará en toda su plenitud. Los leones del tercer día necesitan ir más allá de los simples rugidos. Necesitan reinar.

EL SILENCIO DE LOS CORDEROS

Como pentecostal en el tercer día...como persona llena del Espíritu en el tercer día...lo que he descubierto es que la mayor expresión que puede salir de un creyente lleno del Espíritu es el silencio. El mayor de los gritos es el silencio del espíritu, que va más allá de la retórica verbal y del ruido. ¿Qué hace falta decir? ¿Qué se puede decir?

ÉSTA ES LA PREGUNTA QUE SURGE: EN LA CRUZ, ¿FUE CEGADO JESÚS POR LOS PECADOS DE LOS SUYOS, O LO QUE LE CEGABA ERA EL AMOR POR ELLOS?

Cuando Cristo lo mira a usted, ¿qué puede decir acerca de usted? Todo lo que Él ve es su sangre; su misericordia. Cuando nos mira, todo lo que ve al final del camino, si triunfamos en el tercer día, es un pequeño retrato de Él mismo. Ya ha desaparecido el aspecto externo del pecador rechazado para dejar paso al de un santo de Dios. Cuando lo mira a usted, vuelve la vista al Génesis... a Adán... y ve en usted todo lo que Él quería en Adán, e incluso más. Porque usted ya no se parece a Adán; ahora se parece a Jesús. Por consiguiente, su belleza es mayor aún.

O sea, que por fin aquí estoy. Después de abrirme paso a

través de la muchedumbre que lo rodea, el mayor de mis deseos se convierte en realidad: estoy delante de su rostro. En medio de todos los gritos… de todos los chillidos… de todas las danzas… y de todo el ruido, estoy contemplando las palabras que le quiero decir. ¿Qué le quiero preguntar? ¿Qué le quiero contar? ¿Qué le voy a decir? Ahora estoy ante Él. Lo veo. Y cuando comienzo a abrir la boca, descubro una cosa: en su pura presencia, no hay nada que decir. ¿Qué se puede decir cuando…

* **Sus llagas lo dicen todo?**
* **Su corazón lo siente todo?**
* **Sus ojos lo ven todo?**

Cuando Él levanta la cabeza, ¿a quién ve Dios? No ve a un pecador inmundo que suplica perdón, sino que capta un destello de sí mismo. ¿Por qué de sí mismo?

Como las suyas, nuestras manos han sido llagadas; como los suyos, nuestros ojos han sido probados y nuestros corazones han sido quebran-

SUS SEGUIDORES DEL TERCER DÍA SON HOMBRES Y MUJERES CON CICATRICES EN LAS MANOS, VISIÓN EN LOS OJOS Y AMOR EN EL CORAZÓN.

tados. Al final del camino, cuando Él nos mire, deberá ver unas imágenes perfectas de sí mismo; ni más ni menos.

En aquel momento, cuando me halle frente a su rostro, descubriré que un cordero silencioso tiene mucho más poder que un león rugiente.

¿Eres un cristiano del tercer día?

23

AVIVA EL EJERCITO DEL TERCER DIA

No hay que temer; *no hay que temer*, **no hay que temer**. No obstante, en el tercer día tiene que haber temor. No el temor a lo desconocido… ni tampoco el temor al enemigo; ni siquiera el temor a la gran ira de Dios… Tiene que haber temor a la gran gracia de Dios.

Sirvo a Dios, no porque tema ir al infierno, sino porque temo ir al cielo. Porque cuando Él me pregunte: "¿Formaste parte de mi público, o de mi ejército?", ¿qué le voy a responder? Tanto usted como yo, o somos parte de un público del segundo día, o de un ejército del Tercero.

> DESPUUS DE HABER RECIBIDO TANTA GRACIA, TENGO TEMOR A LLEGAR AL FINAL DEL CAMINO CON LAS MANOS VACÍAS.

Y al tercer día les dijo José: Haced esto, y vivid: Yo temo a Dios. —GÉNESIS 42:18

25

Usted y yo, ambos, vamos a vivir si tememos a Dios. El temor del Señor me impulsa…

✳ **A luchar con más fuerza,**
✳ **A ir más lejos,**
✳ **A desaparecer.**

SI REALMENTE SOY UN CON ÉL, ¿QUÉ PENA PUEDO SUFRIR QUE SEA MAYOR A LA DE HACER QUE SUS MANOS SANGREN DE NUEVO?

Temo sus ojos, pero no unos ojos encendidos de ira en contra mía. Temo los ojos de mi Anfitrión… mi Capitán. Temo provocar lágrimas en esos ojos, en lugar de dejarlos ver una sombra de quién es Él. Temo comparecer ante mi Capitán, el Señor de los ejércitos, y tratar de explicarle por qué no seguí sus órdenes. Temo la retórica destinada a justificarme a mí mismo, las excusas y el clamor surgido de la comodidad de mi humanidad.

Temo sus manos; no las manos que me disciplinan con una vara, sino las manos que me disciplinan con sus llagas.

Porque todos nosotros, en todo tiempo, somos clavos o ungüento para sus manos llagadas. Cada uno de nosotros es…

* O público del segundo día,
* O ejército del tercero.

De eso no cabe la menor duda.

En el segundo día, la mayoría de nosotros formábamos parte de públicos. Estábamos cómodos. El espíritu de la comodidad se cernía sobre el cuerpo de Cristo y lo dominaba. La comodidad se apega a un público; no a un ejército. Su relación con un público es muy clara. En el segundo día, estábamos cómodos. Lo suficientemente cómodos para ir a nuestras iglesias y a nuestras acolchadas bancas para escuchar sermones cómodos, una alabanza y una adoración cómoda y unos cultos de altar también cómodos. Estábamos cómodos. Éramos público… espectadores. Alguien cantaba, alguien predicaba, y nosotros llevábamos el compás con las palmas desde nuestras bancas, como si estuviéramos en un espectáculo de Broadway, o escuchando una ópera. Amados, formamos parte del cuerpo de Cristo. Somos un ejército. Somos el ejército de Jesucristo.

* **El uniforme del cuerpo de Cristo no está formado por los atuendos y las vestiduras religiosos, arcaicos, ceremoniales o ritualistas que hemos estado usando.**

* **El uniforme del cuerpo de Cristo es el atuendo del soldado.**

Por encima de todas las cosas, mi Dios es el Señor de los ejércitos. No es el Dios de los derrotados. No es el Dios de los que están esclavizados y en cadenas. **Mi Dios es el Dios de los ejércitos. Él es el Señor de los ejércitos.** Nosotros somos el ejército del mayor de los avivamientos. **Formamos parte del ejército del mayor de los avivamientos. Formamos parte del ejército del Tercer Día.**

Al final del segundo día, muchos mantenían una inclinación fija obsesiva y magnetizada hacia la predicación, la enseñanza y la articulación de nuestros dogmas acerca de la Gran Tribulación. Recuerdo lo inmensos que eran la desesperación, el cinismo y la ansiedad que inundaron al cuerpo a fines del año 1999. Literalmente, el terror al Y2k nos asustó hasta sacar a Dios de nuestra vida. Las iglesias y los predicadores les indicaban a sus seguidores que acumularan víveres en sus sótanos y crearan despensas y refugios para el gran día de juicio que se acercaba. *No sucedió nada.*

27

* **Nosotros no somos el ejército obsesionado con la Gran Tribulación, sino el ejército obsesionado con el mayor de los avivamientos.**

✳ Yo no estoy esperando la Gran Tribulación; lo que estoy esperando es el arrebatamiento de la Iglesia de Jesucristo.

✳ No estoy obsesionado con el 666; ya he sido sellado con Juan 3:16.

✳ No me importa la marca de la bestia; estoy cubierto con el sello del Cordero.

HERIDAS, CICATRICES Y MEDALLAS . . .

Admito que formé parte de uno de esos públicos del segundo día. Formé parte del público. Fui vocero del público del segundo día, porque temía al ejército. Temía las heridas de los hombres y mujeres de Dios que pelean en los campos de misión y en los campos de batalla de nuestras calles y ciudades, para regresar después manchados, enajenados, destruidos y agotados. Temo esas heridas. Vi y oí las heridas de los años ochenta, en los cuales quedaron tendidos junto al camino muchos de nuestros grandes generales. Algunos de ellos cayeron sobre su propia espada. Temí alistarme en el ejército por esas razones. Les tenía temor a las heridas. Pero entonces descubrí una gran verdad.

28

✳ La herida no era una marca negativa, sino una llaga de bendición.

✳ En el caminar cristiano, las heridas no lo alejan a uno de Dios, sino que lo acercan a Él.

El Cristo que servimos es un Cristo herido. Lo que diferencia a Dios de los dioses menores cósmicos que hay en las naciones y los dominios donde no se cree en nuestro Dios… lo que hace que mi Dios sea diferente a todos los demás dioses… es que mi Dios es el único Dios herido. Es la gran expresión contradictoria de la divinidad. Es el Todopoderoso, el que todo lo sabe, el Dios que está siempre presente y que al mismo tiempo está herido y tiene llagas. Las heridas no hacen que uno sea menos perfecto.

Me dirijo a usted, que ha sido herido a lo largo de toda esta increíble jornada que llamamos el caminar cristiano. Me dirijo a usted, que ha quedado llagado. Muchos se han atrevido a pedirle a Dios que les quite sus cicatrices.

LAS HERIDAS NO SON UN TRIBUTO AL FRACASO, SINO MÁS BIEN UN RASGO DEL EÉXITO.

Pero ahora, en este tercer día, le pregunto por qué. ¿Por qué quitar las cicatrices? Que cada una de esas cicatrices sea una medalla.

* **Que cada una de esas cicatrices se convierta en una medalla de su testimonio.**

* **Que cada una de esas cicatrices se convierta en una medalla sobre el uniforme de la gracia.**

* **Que cada herida, cada batalla y cada lágrima derramada… cada vida quebrantada… cada espíritu contrito y corazón destrozado… sea expresión de esta marcha al unísono.**

Sigue marchando, soldado cristiano; sigue marchando. Sigue adelante, soldado cristiano; sigue adelante. **Toca la trompeta en Sión; da la voz de alarma en el monte santo. Que cada una de mis cicatrices sea un testimonio del poder de Dios. Que todas y cada una de mis cicatrices sean ejemplo de la plenitud de su gracia.**

Que cada una de mis heridas sea un grito dirigido a todos

29

los que me rodean para testificar que luché con Dios... *y gané*. Que sea como la cojera de Jacob. Que yo salga caminando con esa cojera como testimonio de que he obtenido la bendición.

Las cicatrices. Yo temía esas cicatrices. Mi temor a esas cicatrices causó mi temor a entrar en las filas del ejército. Sin embargo, ahora comprendo; ahora ya no me molestan las cicatrices.

De aquí en adelante nadie me cause molestias; porque yo traigo en mi cuerpo las marcas del Señor Jesús. —GÁLATAS 6:17

Traigo las marcas de Cristo. Levántese. Que se levante, le digo. Levántese, que le estoy hablando al corazón. Le digo que se levante. Ha habido momentos, muchos sin duda, en los cuales se han derramado tantas lágrimas, que ha llegado el momento en que no se han deslizado más por las mejillas empapadas y enrojecidas de este soldado herido. En lugar de hacerlo, goteaban por dentro,

POR CADA HERIDA, POR CADA LÁGRIMA, POR CADA LLAGA, RECIBIMOS UNA MEDALLA, UN ASCENSO Y UNA PARTICIPACIÓN EN SU REALEZA.

formando en mi corazón otro estanque de Betesda; un estanque de aguas estancadas. Ha habido momentos en que he gritado tan alto, que no me salía nada de los labios. Mis cuerdas vocales se negaban a seguir expresando mi dolor.

30

Todo lo que ha salido ha sido el grito silencioso; el grito callado de un corazón y un espíritu destrozados. Ahora, en este tercer día, sé que aquello tuvo un propósito. Todas mis heridas... todas mis cicatrices tenían un propósito. Eran mis medallas.

El Corazón Púrpura es una condecoración que otorga

esta nación a los que han sido heridos en el campo de batalla. Ahora comprendo que en el tercer día recibimos nuestros corazones de púrpura espirituales. En las Escrituras, el púrpura no refleja ni define a aquéllos que han sido heridos, sino a la realeza.

EL ENEMIGO

* **¿A quién estoy combatiendo, si el enemigo ya ha sido derrotado?**
* **¿Qué estoy venciendo?**

Estoy combatiendo contra un enemigo vencido. Estoy combatiendo a alguien que fue derrotado hace dos mil años. Entonces, ¿para qué estoy luchando? La razón de ser de mi lucha es liberar a los rehenes que fueron tomados cautivos por este caudillo derrotado del ejército de las tinieblas. Ganamos una guerra hace dos mil años. Y sin embargo, durante estos dos mil años, la Iglesia ha estado recuperando lo que había sido robado. No peleamos para derrotar al enemigo.

EL ENEMIGO FUE DERROTADO HACE DOS MIL AÑOS EN LA CRUZ DEL CALVARIO CON DOS PEDAZOS DE MADERA Y TRES CLAVOS.

La Biblia dice que Él triunfó abiertamente sobre ellos y los expuso a pública vergüenza.

> *Y despojando a los principados y a las potestades, los exhibió públicamente, triunfando sobre ellos en la cruz.*— COLOSENSES 2:15

¿A quién combatimos? Sí, combatimos a un enemigo derrotado para ejecutar la venganza del Señor. Pero lo más importante de todo es que las peleas más grandes... las luchas y los enfrentamientos mayores... se producen dentro de las paredes de mi propio corazón.

Ahí es donde comienza la batalla. Ahí es donde se produce realmente el enfrentamiento.

Por supuesto que nuestros campos de batalla se hallan en las regiones celestiales, puesto que luchamos contra los principados y los poderes de tinieblas de este mundo.

> *Porque no tenemos lucha contra sangre y carne, sino contra principados, contra potestades, contra los gobernadores de las tinieblas de este siglo, contra huestes espirituales de maldad en las regiones celestes.* —EFESIOS 6:12

EL EJÉRCITO DEL TERCER DÍA ES UN EJÉRCITO QUE CREE QUE A DIOS NO SE LE DEBE CENSURAR.

Por supuesto que luchamos en las regiones celestiales. Pero también luchamos en las bancas. Luchamos en las bancas contra el espíritu de religiosidad; contra un espíritu del segundo día que domina con gran fuerza a muchas congregaciones y creyentes. Luchamos contra el espíritu que nos dicta las órdenes de Dios. Luchamos contra el espíritu que limita a Dios; que lo censura.

* **¿Quiénes somos nosotros para decirle a Dios lo que puede hacer y lo que no?**

* **¿Quiénes somos nosotros para decir que las cosas deben ser ordenadas?**

Claro que sí; Dios es un Dios de orden, pero ¿el orden de quién? Lo que tal vez nosotros interpretemos como un caos, Dios lo podría estar interpretando como un orden perfecto. Hasta en el caos de fragor y de remolinos de los ríos de aguas espumosas que atraviesan las montañas de Washington y Oregón, hay una sinfonía perfecta de moléculas y células que procede de las rápidas aguas de esos ríos.

* **Lo que tal vez nosotros veamos como un caos, Dios lo podría llamar orden.**

* **Lo que Dios llama caos, tal vez nosotros lo llamemos orden.**

El Dios del orden divino escupió en tierra y sanó a un hombre usando ese método. Es posible que nuestros cultos y reuniones—nuestras vidas—se hayan vuelto tan estructurados, que hayamos creado otro cajón; otra arca del pacto. Dentro de ese cajón hecho por mano de hombre, hemos colocado los dones del Espíritu, el fruto del Espíritu, la unción de Dios y su preciosa Palabra. Sostengo que la religión del segundo día es una imitación del arca del pacto. Así como Dios puso el maná, los diez mandamientos y la vara dentro del arca del pacto,

HACÍAN FALTA CUATRO LEVITAS PARA CARGAR EL ARCA DEL PACTO, PERO SÓLO HACE FALTA UN PECADOR SALVO POR GRACIA PARA CARGAR LA CRUZ DE CRISTO.

nuestras estructuras jerárquicas y nuestras creencias dogmáticas fabricadas por el hombre han vuelto a meter a Dios en el cajón. Nosotros, el ejército del Tercer Día, tenemos que sacar a Dios de ese cajón .

33

Yo me niego a volver a meter a Dios en el cajón. Dejemos que viva Jesús. Hemos estado equivocados. Tenemos la imagen de un Dios sentado en el trono con una larga barba blanca y con una vara y un bastón en la mano. En realidad, el Dios al que yo sirvo es el Dios de la Biblia: el Dios de Sofonías, Habacuc y Pablo:

Jehová está en medio de ti, poderoso, él

salvará; se gozará sobre ti con alegría, callará de amor, se regocijará sobre ti con cánticos.— SOFONÍAS 3:17

EL DIOS DEL EJÉRCITO DEL TERCER DÍA ES EL DIOS QUE SE REGOCIJA... EL DIOS QUE DANZA... Y EL DIOS QUE CANTA.

Aunque la higuera no florezca, ni en las vides haya frutos, aunque falte el producto del olivo, y los labrados no den mantenimiento, y las ovejas sean quitadas de la majada, y no haya vacas en los corrales; con todo, yo me alegraré en Jehová, y me gozaré en el Dios de mi salvación. —HABACUC 3:17-18

Mi Dios es un Dios viviente. No es un Dios introvertido, retraído y religioso. Es el Dios que danza sobre su pueblo. Es el Dios que vive dentro de su pueblo.

❋ **Que Jesús viva en nuestros púlpitos.**
❋ **Que Jesús viva en nuestros corazones.**
❋ **Que Jesús viva en nuestra vida de oración.**
❋ **Que Jesús viva en nuestra santidad.**
❋ **Que Jesús viva en nuestra hambre por la Palabra.**
❋ **Que Jesús viva en nuestra alabanza.**
❋ **Que Jesús viva en nuestra adoración.**
❋ **Que Jesús viva en nuestros cultos y en nuestras reuniones y en nuestras convocaciones.**

34

HAGA QUE LOS HOMBRES SE SIENTEN

Que Jesús viva. **Que el pecado muera. Que la carne muera. Que toda la mundanalidad muera. Que Jesús viva.** El ejército del Tercer Día es el ejército del Cristo viviente, no del Cristo muerto… no del Cristo religioso, sino del Cristo vivo. Nuestro problema consiste en que hemos respondido como si fuéramos un ejército acaudillado por hombres.

Ya es hora de que los hombres se sienten:

Y estaba cerca la pascua, la fiesta de los judíos. Cuando alzó Jesús los ojos, y vio que había venido a él gran multitud, dijo a Felipe: ¿De dónde compraremos pan para que coman éstos? Pero esto decía para probarle; porque él sabía lo que había de hacer. Felipe le respondió: Doscientos denarios de pan no bastarían para que cada uno de ellos tomase un poco.

Uno de sus discípulos, Andrés, hermano de Simón Pedro, le dijo: Aquí está un muchacho, que tiene cinco panes de cebada y dos pececillos; mas ¿qué es esto para tantos? Entonces Jesús dijo: Haced recostar la gente. Y había mucha hierba en aquel lugar; y se recostaron como en número de cinco mil varones.

Y tomó Jesús aquellos panes, y habiendo dado gracias, los repartió entre los discípulos, y los discípulos entre los que estaban recostados; asimismo de los peces, cuanto querían. Y cuando se hubieron saciado, dijo a sus discípulos: Recoged los pedazos que sobraron, para que no se pierda nada.

Recogieron, pues, y llenaron doce cestas de pedazos, que de los cinco panes de cebada sobraron a los que habían comido.

—*JUAN 6:4-13*

¡Aleluya! Ya es hora de que hagamos sentar a los hombres. Es importante observar que en esta ocasión es un jovencito el que le da a Jesús los peces y los panes que Él multiplica para dar de comer a los cinco mil.

Si no hubiera sido joven, tal vez nunca le habría dado a Dios su almuerzo. Todos somos jóvenes en espíritu. Dios está reavivando en nosotros un espíritu joven; un espíritu de juventud.

35

Los muchachos se fatigan y se cansan, los jóvenes flaquean y caen; pero los que esperan a Jehová tendrán nuevas fuerzas; levantarán alas como las águilas; correrán, y no se cansarán; caminarán, y no se fatigarán.—Isaías 40:30-31

Amigo, Dios le está dando alas de águila. **Le ha llegado la hora de volar. Cualquiera que sea su edad; cualquiera que sea el tiempo que lleva en el ministerio, ha llegado para usted la hora de volar. Él está sacudiendo el polvo de nuestras alas y dándonos poder para volar.**

Antes que te formase en el vientre te conocí, y antes que nacieses te santifiqué, te di por profeta a las naciones. Y yo dije: ¡Ah! ¡ah, Señor Jehová! He aquí, no sé hablar, porque soy niño. Y me dijo Jehová: No digas: Soy un niño; porque a todo lo que te envíe irás tú, y dirás todo lo que te mande. No temas delante de ellos, porque contigo estoy para librarte, dice Jehová.—Jeremías 1:5-8

Somos un ejército de libertad. Necesitamos ponernos en pie y gritar lo que se gritó en Juan 6:10:

36   * **Que se sienten los hombres.**

Mientras los hombres sigan de pie, Dios no se puede poner en pie. Necesitamos decirles a los hombres que se sienten.

* **Que se siente la carne.**
* **Que se siente el orgullo.**
* **Que se sienten los dogmas hechos por los hombres.**

✳ Que se siente el espíritu de altercado, disputa y contienda.

Es necesario que Dios esté de pie para que los hombres se levanten. Este ejército que tiene los peces y los panes en las manos debe hacer que los hombres se sienten.

¡Hemos sido llamados a arrancar!

> *Y extendió Jehová su mano y tocó mi boca, y me dijo Jehová: He aquí he puesto mis palabras en tu boca. Mira que te he puesto en este día sobre naciones y sobre reinos, para arrancar y para destruir, para arruinar y para derribar, para edificar y para plantar.* —JEREMÍAS 1:9-10

✳ Arrancar de raíz el pecado
✳ Arrancar de raíz la religiosidad
✳ Arrancar de raíz el espíritu del segundo día

A fin de destruir las fortalezas.

> *Porque las armas de nuestra milicia no son carnales, sino poderosas en Dios para la destrucción de fortalezas, derribando argumentos y toda altivez que se levanta contra el conocimiento de Dios, y llevando cautivo todo pensamiento a la obediencia a Cristo, y estando prontos para castigar toda desobediencia, cuando vuestra obediencia sea perfecta.* —2 CORINTIOS 10:4-6

37

Entonces, cuando hayan sido destruidas y derrumbadas las fortalezas, podremos edificar y plantar.

Tú, pues, ciñe tus lomos, levántate, y háblales todo cuanto te mande; no temas delante de ellos, para que no te haga yo quebrantar delante de ellos. —JEREMÍAS 1:17

Ciña sus lomos y levántese. **Levántese, póngase en pie. Levántese y alabe. Levántese y corra. Levántese y viva.** Levántese y dígale al diablo que se calle. No se aterre ante sus rostros, para que Dios no le haga quebrantar delante de ellos. Amado, ¿sabe lo que esto significa?

* Amado, su única posibilidad es unirse al ejército de Dios.
* Amado, se tiene que unir al ejército del Tercer Día.
* Amado, tiene que ejecutar la venganza del Señor.

Si no lo hace, el Señor va a ejecutar su venganza en usted ante su enemigo.

LAS ARMAS DEL TERCER DÍA

¿Qué ha puesto Dios en nuestras manos? ¿Qué tenemos en las manos? Permítame decirle lo que tenemos en las manos. Tenemos peces y panes. Tenemos la espada del tercer día, amado.

* Abraham tuvo a Isaac.
* Moisés tuvo una vara.
* Gedeón tuvo un cántaro.
* David tuvo una piedra.
* Pero nosotros tenemos peces y panes.

PECES Y PANES

De hecho, *somos* los peces y los panes que Dios tiene en sus manos. Veamos lo que hace Dios con el pan.

> *Y mientras comían, Jesús tomó pan y bendijo, y lo partió y les dio, diciendo: Tomad, esto es mi cuerpo.* —Marcos 14:22

* **Tomó el pan.**
* **Bendijo el pan.**
* **Partió el pan.**
* **Repartió el pan.**

Amigo mío, la razón por la que Dios lo está bendiciendo no es para que usted experimente ningún tipo de sacudida, punzada o espasmo emocional. No es para que alardee de haber recibido una bendición.

Dios siempre bendice antes de romper; antes de repartir. Dios nos saca de nuestra indigencia. **Nos saca de las tinieblas.** Entonces nos bendice. **Después nos rompe. Y entonces nos reparte.** ¡Qué revelación tan poderosa! Eso es lo que Dios hizo con el pan en la última cena.

La razón por la que Dios lo sacó del infierno y de su pecado, fue porque quería bendecirlo. Y la razón por la que lo está bendiciendo es porque quiere romperlo para poderlo repartir. Sí; Dios lo está bendiciendo; yo sé que lo está bendiciendo. Pero necesitamos comprender que en el tercer día no se nos dan las bendiciones —ni las recibimos— para nuestra propia gratificación.

39

* **Somos bendecidos para ser partidos.**
* **Somos partidos para ser bendecidos.**

Dios lo está bendiciendo porque está a punto de romperlo. No tenga miedo de que Él lo rompa, amigo mío. Rompernos es lo que le permite a Dios distribuirnos proporcionalmente para alcanzar a muchos, en lugar de alcanzar a pocos. Ese romper—un testimonio aquí, una experiencia allí, una revelación aquí, una palabra allí—es multifacético. Son las muchas partes, los muchos aspectos de nuestra vida los que pueden testificar a favor del Dios Uno, el Uno que es el Salvador de nuestras almas.

DIOS LO ESTÁ BENDICIENDO HOY PORQUE LO VA A ROMPER MAÑANA.

Los peces representan la vida acuática. El pan representa la vida en tierra. Tenemos vida, aun en medio de la tormenta. Y tenemos vida, aun en medio del desierto.

Amigo. ¿qué tiene en las manos? Tiene una promesa en las manos. Abra las manos ahora, porque en esas manos hay una promesa.

Donde está el diablo hay temor, esclavitud, desesperación, ansiedad y confusión. En cambio, donde está el Espíritu del Señor hay libertad.

Porque el Señor es el Espíritu; y donde está el Espíritu del Señor, allí hay libertad.—2 Corintios 3:17

LA ESPADA

¿Qué más tenemos en las manos? ¿Con qué pelea el ejército del tercer día? **Peleamos con la espada. No sólo tenemos peces y panes; este ejército también tiene una espada. La espada del Espíritu es la espada del ejército del Tercer Día. La espada es la Palabra del Dios todopoderoso.** En cuanto a poder y unción, la espada del tercer día es la misma que la espada del huerto del Edén.

Echó, pues, fuera al hombre, y puso al oriente

40

del huerto de Edén querubines, y una espada encendida que se revolvía por todos lados, para guardar el camino del árbol de la vida.

¡ÉL ME TOMA, BENDICE, ROMPE Y REPARTE!

—GÉNESIS 3:24

La espada de Génesis 3:24 tenía tres características:

✳ **Estaba erguida.**
✳ **Estaba encendida.**
✳ **Se revolvía.**

1. *La espada estaba erguida.*

Somos un ejército erguido, justo y recto. Somos un ejército de santidad.

Seguid… la santidad, sin la cual nadie verá al Señor.—HEBREOS 12:14

Porque yo soy Jehová vuestro Dios; vosotros por tanto os santificaréis, y seréis santos, porque yo soy santo; así que no contaminéis vuestras personas con ningún animal que se arrastre sobre la tierra. —LEVÍTICO 11:44

El ejército del Tercer Día es un ejército santo; es un ejército en pie. Somos espadas en las manos del Dios todopoderoso. Nosotros, este ejército del Tercer Día, peleamos con una espada en las manos y, al mismo tiempo, por ser el ejército de Dios, somos la espada que Él tiene en las suyas.

Este ejército del Tercer Día es la espada que Dios tiene en sus manos, y en estos momentos, utilizamos esa unción en nuestras propias manos.

Por ser la espada erguida de Dios, llevamos en nosotros

DIOS NOS PUSO EN ESTE PLANETA PARA QUE NOS DEMOS CUENTA DE LO QUE ÉL HA HECHO EN LOS CIELOS.

las características de justicia, integridad, santidad y responsabilidad. Dios dijo: "Sed santos, porque yo soy santo". "Sin santidad, nadie verá a Dios." Luchamos con una espada erguida. Somos una espada erguida. No estamos en el suelo. No estamos tirados inmóviles. Somos una espada erguida.

2. *La espada estaba encendida.*

> *Y lo que quedare de la carne del sacrificio hasta el tercer día, será quemado en el fuego.* —LEVÍTICO 7:17

El fuego del refinador nos permitirá ser una espada pura. No sólo eso, sino una espada encendida … ardiente. **El ejército del Tercer día es un ejército de** fuego… **del fuego santo de Dios… del fuego del Espíritu Santo.** Es importante que comprendamos algo, amigo. En el segundo día se ha entendido e interpretado mal lo que es el fuego del Espíritu Santo. En muchas iglesias llenas del Espíritu, carismáticas y pentecostales hemos oído decir que el fuego de Dios nos hace danzar, gritar y chillar.

✳ **El fuego de Dios no hace danzar, gritar ni chillar.**
✳ **El fuego de Dios hace llorar.**

42

Yo sí creo que el gozo del Señor nos hace gritar, chillar, danzar y dar voces, pero el fuego de Dios nos hace llorar. El fuego de Dios es un fuego purificador. El fuego de Dios es un fuego que derrite el pecado, la injusticia, las iniquidades, las imperfecciones y las manchas,

EN EL TERCER DÍA, LO QUE VA A QUEMAR EL FUEGO ES LA CARNE.

hasta hacerlos desaparecer. El fuego de Dios es el que acaba con aquellas cosas de nuestra vida que impiden que se vea en ella toda la gloria de Dios. El fuego de Dios es un fuego que quema todas aquellas cosas que no deberían estar en nosotros.

✳ **En el tercer día, el fuego de Dios no nos va a hacer gritar, chillar, dar voces, danzar, estremecernos ni torcernos.**

✳ **El fuego de Dios nos va a hacer llorar, quebrantarnos y permanecer postrados ante su presencia.**

EL FUEGO DE DIOS HACE QUE CAIGAMOS POSTRADOS ANTE EL TRONO DE DIOS, ANTES DE DARNOS PODER PARA DANZAR.

Entonces entrará el gozo. Entonces llegará la danza. Entonces se oirá el cántico del Señor. Nosotros somos ese ejército. Somos el ejército de la espada del huerto del Edén. Somos el ejército encendido con el Espíritu Santo.

3. *La espada se revolvía.*

Nosotros somos el ejército que se revuelve. ¿Por qué se revolvía la espada del Génesis? Porque tenía que proteger todas las entradas.

La palabra hebrea que traducimos por el verbo *regocijarse* (*samaj*) suele encontrar su expresión en una reacción externa; una sensación de júbilo espontánea e imposible de reprimir, como saltar o girar. Me dejó perplejo darme cuenta, a partir de Sofonías 3:17, que Dios, el Creador todopoderoso del universo, se regocija.

Amado, Dios gira de júbilo ante nuestra alabanza. Cada vez que nosotros alabamos y adoramos, Él comienza a

43

girar de júbilo. Aquella espada del huerto del Edén se regocijaba. Se regocijaba porque se revolvía y giraba. ¿Por qué nos regocijamos nosotros? ¿Por qué tenemos que girar de júbilo? Porque tenemos que proteger todas las entradas. Cada vez que nos regocijamos, le estamos diciendo al enemigo que no va a poder entrar ni desde el norte, ni desde el sur, el este o el oeste.

Dios se regocija sobre nosotros.

Dios le dice al enemigo: "No tienes entrada. Por tanto, he liquidado… aniquilado… he cerrado todas las entradas, porque en esta hora me estoy regocijando sobre mi pueblo". En este mismo momento, allí en su habitación, en su oficina; dondequiera que esté, lo exhorto a regocijarse.

* **Regocijarse no consiste en batir palmas.**

* **Regocijarse no es gritar, dar voces ni chillar.**

* **Regocijarse es girar como un tornado dentro de la gloria de Dios.**

El gesto de girar representa la movilidad continua. El ejército que tiene Dios en el Tercer Día debe ser móvil. A todos los guerreros inactivos y dormidos les está prohibida la entrada al ejército de Dios. La filosofía de trinchera de los ejércitos del siglo XX ha sido reemplazada por los guerreros ágiles y móviles de Dios. Nosotros, el Ejército del Tercer Día, debemos ser ágiles y móviles; en un cambio y un movimiento continuos. Así como Dios se regocija sobre nosotros, nosotros también nos regocijamos. Nos regocijamos para hacerle saber al enemigo que no hay entradas abiertas; que no tiene manera de meterse en ningún aspecto de nuestra vida. Regocijaos; de nuevo os digo, regocijaos.

Comprendo la razón por la cual hay tantos cristianos del

segundo día al que les cuesta tanto regocijarse. Cuando el molino de viento está girando, produce electricidad. Cuando no hay viento, el molino no funciona. Cuando no está soplando el viento del Espíritu Santo, no hay regocijo, no gira nada, no

SOMOS EL EJÉRCITO DE JESUCRISTO, ARDIENTE EN EL ESPÍRITU SANTO Y APOYADO EN SU PALABRA.

hay movilidad continua. Por eso no hay energía en muchas iglesias y congregaciones de todo el mundo. Sin el viento fresco del Espíritu de Dios, son muchas las iglesias de los Estados Unidos que se están cerrando y muriendo.

Los ejércitos del tercer día no esperan en las trincheras. Los ejércitos del tercer día se regocijan. Van erguidos. Están encendidos. Somos el ejército que tiene la espada del huerto del Edén. Somos el ejército del Tercer Día. Por consiguiente, siga marchando; siga marchando. Soldado cristiano, siga marchando; siga marchando.

* **Siga marchando con el temor del Señor.**
* **Siga marchando con las cicatrices de la batalla que son medallas.**
* **Siga marchado con peces y panes en las manos.**
* **Siga marchando con la espada del huerto del Edén.**
* **Siga marchando con la trompeta de Dios.**

Siga marchando; siga marchando; siga marchando. Somos algo más que el ejército de Joel 3.

45

Proclamad esto entre las naciones, proclamad guerra, despertad a los valientes, acérquense, vengan todos los hombres de guerra.—JOEL 3:9

Somos el ejército del Tercer Día de Éxodo 19:16.

> *Aconteció que al tercer día, cuando vino la mañana, vinieron truenos y relámpagos, y espesa nube sobre el monte, y sonido de bocina muy fuerte; y se estremeció todo el pueblo que estaba en el campamento.—Éxodo 19:16*

Somos el ejército que toca la trompeta en Sión.

Son muchos los que sostienen conceptos diferentes con respecto a este ejército. Por supuesto que comprendemos la aplicación profética de lo que vendrá con respecto a este ejército, pero somos mayores que el ejército de Joel 2. Somos el ejército de Juan 3:16.

> *Porque de tal manera amó Dios al mundo, que ha dado a su Hijo unigénito, para que todo aquel que en él cree, no se pierda, mas tenga vida eterna.—Juan 3:16*

Somos el ejército de los redimidos del Señor. Que los redimidos del Señor lo proclamen con divina violencia.

> *El reino de los cielos sufre violencia, y los violentos lo arrebatan. —Mateo 11:12*

TOCAMOS LA TROMPETA QUE VA A HACER QUE TODOS TIEMBLEN, SE ESTREMEZCAN Y CREAN EN EL SEÑOR NUESTRO DIOS.

Ha llegado el momento.

Todo tiene su tiempo, y todo lo que se quiere debajo del cielo tiene su hora: Tiempo de nacer, y tiempo de morir; tiempo de plantar, y tiempo de arrancar lo plantado; ... Tiempo de amar, y tiempo

46

de aborrecer; tiempo de guerra, y tiempo de paz. —ECLESIASTÉS 3:1-2, 8

✳ **Durante dos mil años hemos luchado como una religión.**

✳ **Durante dos mil años hemos luchado como una organización.**

✳ **Durante dos mil años hemos luchado como una denominación.**

✳ **Durante dos mil años hemos luchado como un ministerio.**

Pero yo quiero que el diablo sepa una cosa. Él podrá detener a una denominación, a un ministerio y a una organización, ¡pero no puede parar al ejército de Jesucristo!

Ninguna arma forjada contra ti prosperará, y condenarás toda lengua que se levante contra ti en juicio. Esta es la herencia de los siervos de Jehová, y su salvación de mí vendrá, dijo Jehová. —ISAÍAS 54:17

No somos sólo una organización o un movimiento. ¡Somos el ejército de Jesucristo!

Sobre esta roca edificaré mi iglesia; y las puertas del Hades no prevalecerán contra ella. —MATEO 16:18

47

Somos un ejército bullicioso. Hemos llevado demasiado tiempo callados. Éramos leones silenciosos cuando habríamos debido ser leones rugientes.

✳ **Guardamos silencio en el siglo XIX con Carlos Darwin y Federico Nietzsche.**

* Guardamos silencio en la década de los treinta con Sigmund Freud.

* Guardamos silencio en 1963 cuando sacaron la oración de las escuelas.

* Guardamos silencio en 1973 cuando legalizaron el aborto.

¡Pero en el tercer día no vamos a guardar silencio!

> *Entonces el Señor dijo a Pablo en visión de noche: No temas, sino habla, y no calles; porque yo estoy contigo, y ninguno pondrá sobre ti la mano para hacerte mal, porque yo tengo mucho pueblo en esta ciudad.*
> —HECHOS 18:9-10

* Las órdenes de este ejército del Tercer Día no se refieren a los miembros de una iglesia, sino a los adoradores en el templo.

* Las órdenes de este ejército no tienen que ver con una tarjeta de miembro en el bolsillo, sino con la unción sobre nuestra vida.

Éste es el ejército de los locos de Jesús.

48

> *Porque la palabra de la cruz es locura a los que se pierden; pero a los que se salvan, esto es, a nosotros, es poder de Dios.* —1 CORINTIOS 1:18

Somos un ejército que va a dejar perplejo al enemigo. Somos la tercera generación de Jacob. Somos el ejército. El ejército del Tercer Día pelea sobre sus rodillas; pelea *en* la Palabra y *por medio* de la Palabra. El ejército del Tercer Día es el ejército de espada del huerto del Edén: ardiente. Es un ejército en pie, en fuego y revoloteando. Un ejército que manifiesta una movilidad y una victoria continuas. Somos el ejército del Tercer Día. Ejército, levántate en las escuelas, en los colegios y en las universidades. **Ejército del Tercer Día, levántate.**

LA MISIÓN DEFINITIVA

¿Cómo medimos la victoria? ¿Qué diferencia la victoria de la derrota? ¿Cuál es la misión del ejército del Tercer Día? Comienza la misión:

Una vez dadas las órdenes, leo con inmensa ansiedad la misión de mi vida. Después de todos estos años, por fin se me revela mi misión: "Llegue a la prisión donde tienen retenidos a los prisioneros de guerra más importantes, rescátelos y vuelva sano y salvo". Así que salgo como guerrero, con la intención de honrar a mi Señor con un éxito impecable.

Llego a las puertas de la ciudad. De inmediato me siento inundado con el sonido de los morteros, las balas perdidas y el caos. El aire está lleno de gritos y clamores de desesperación que cortan con el mismo filo que una bayoneta. Veo tirados a mi alrededor a muchos grandes guerreros del ejército del Tercer Día, mortalmente heridos. Salvado de estas mortales heridas, como si la divina providencia me escudara para esta hora, sigo adelante hacia mi punto de destino.

Mientras vuelan los cohetes, mueren los guerreros y el humo lo llena todo a tal punto de que el único color visible es el carmesí de la sangre de un guerrero del Tercer Día herido, sigo adelante hasta llegar a la puerta de lo que creo que es el lugar que busco. Exhausto y fatigado, le pregunto al soldado enemigo herido: "¿Dónde están los prisioneros?" Sin decir una sola palabra, el soldado señala hacia un edificio. En el exterior, el edificio parece una versión de un palacio

49

en miniatura. Un palacio con manchas, impactos de bala, grietas y escombros, pero un palacio. Finalmente, llego.. La oscuridad cubre como un dosel la escalera que lleva hasta el corredor del lugar de prisión de la vida. Voy progresando con lentitud, porque la visibilidad viene por fe y no por vista.

Por fin llego al final del corredor. Oigo gruñidos, gemidos y palabras que no puedo discernir, procedentes de una celda. Todo el palacio está vacío. En el piso inferior descubro una celda donde se halla prisionero un guerrero que está incoherente, probablemente delirante, y con el cual tengo que regresar. Su documentación aparece tirada en el suelo fuera de su celda. Sin mencionar su nombre, habla sobre él.

Sus captores lo describen como una gran amenaza para el reino de las tinieblas. Han hallado necesario utilizar la manipulación, el orgullo, la envidia, los celos, la religión y hasta el éxito para controlar a este hombre y lograr atarlo. Mi obsesión con este hombre se convierte en mi centro primario de atención. ¿Quién será este hombre que ha provocado tanto miedo en el reino de las tinieblas?

Al fin abro la puerta de su celda. Como un niño que esperara emocionado la llegada de un maravilloso regalo, le grito: "¡Salga: es libre!" El hombre no contesta. Le grito de nuevo que salga, que es libre. Tampoco esta vez contesta. De repente, siento una frustración como nunca antes la he sentido. "¿Sabe desde dónde vengo…? ¿Cuántos años he luchado …?", le digo en mi frustración. Hasta trato de mostrarle mis cicatrices, pero él se niega a enseñarme su rostro. Postrado en el suelo, permanece inmóvil. Por tercera vez le suplico: "Demuéstreme que valió la pena. Demuéstreme que mi dolor, mi sufrimiento y el rechazo que he sufrido han valido la pena. Es mucho lo que he tenido que vencer para llegar hasta usted y ponerlo en libertad. Se lo suplico: déjeme ver al hombre por cuya libertad he luchado tanto."

50

Como león herido que se levanta para una batalla más, comienzo a ver la sombra del rostro del hombre por el cual he luchado. Para mi asombro, me doy cuenta de que estoy ante mí mismo. ¡Me he liberado a mí mismo!

En ese momento preciso, descubro que mi misión no consiste en derrotar al diablo, porque él ya está derrotado. Mi misión no consiste tampoco en derrotar a los espíritus del segundo día o a la esclavitud religiosa. Mi misión no consiste en librar al mundo de la angustia y del pecado o, de alguna forma, por medio de algún grandioso gesto mesiánico, redimir de nuevo al mundo. Mi misión no consiste en preparar a la novia para la venida, aunque esto habría constituido un valiente esfuerzo. Mi misión consiste en liberarme de mí mismo. Todos estos años he creído que estaba luchando por salvar al mundo. En realidad, mi batalla está —y siempre ha estado— dentro de mí mismo. En algún lugar, dentro de los rincones más interiores de mi palacio, ay una prisión de la cual es necesario que quede libre.

Con todo, hay otra celda. Le pregunto a mi sombra, a mí mismo: "¿Cómo he podido sobrevivir durante tanto tiempo?" La sombra me señala hacia la otra celda. Me quedo perplejo ante lo que veo. ¡Es Él: mi Capitán, el Señor de los ejércitos! "¿Cómo es posible que tú, con el poder y el derecho de ser libre, te hayas reunido conmigo en mis prisiones?", le pregunto.

Él me contesta: "¿Cómo me iba a poder regocijar contigo a las afueras de tu palacio, cuando parte de ti se halla encadenada en lo más profundo de una prisión?"

Por fin hago el mayor de mis descubrimientos. En el segundo día, creí que hallaría a Dios exclusivamente en la mayor de las iglesias, en las multitudes que asistían a las campañas, en la televisión o la radio, en los cartelones y los videos. En cambio, en el tercer día ya sé cómo hallar a Dios. Si alguna vez quiero hallar a Dios, todo lo que *necesito hacer es buscar el corazón quebrantado o el espíritu contrito que tenga más cerca. Necesito hallar al que está encerrado en una prisión, un orfanato, un cuarto de hospital o un lugar secreto de oración, en una esquina o en una oficina a media noche.*

¡Dondequiera que descubra que se derrama una lágrima, surge un clamor, espera un vacío o surge una esperanza, allí voy a hallar a Dios!

¿Eres un cristiano del tercer día?

AVIVA EL VINO DEL TERCER DIA

Presión, *Presión*, **Presión**. Al final de la presión se encuentra ese sonido continuo, ilimitado, sin inhibiciones e intrépido del rompimiento. El punto de rompimiento del tercer día. El tercer día refleja, presenta y ejercita nada menos que una serie continua de puntos de rompimiento. No se trata sólo de una obsesión por romper, *sino de un romper para abrirse paso*. Los adoradores del Tercer

DIOS SE ABRE PASO A TRAVÉS DE NUESTRA CARNE Y DE NUESTRA HUMANIDAD PARA LLEGAR HASTA NOSOTROS, Y NOSOTROS NOS ABRIMOS PASO DESDE NUESTRO INTERIOR PARA LLEGAR HASTA ÉL.

Día nos abrimos paso para llegar hasta Él. En realidad, ¿dónde nos estamos abriendo paso? Si Cristo rompió el velo con su muerte en la cruz y su resurrección, ¿dónde necesitamos nosotros romper para abrirnos paso?

Yo creo que en el tercer día existe una batalla que es doble.

Hay un lugar donde se encuentra el punto de confrontación: el lagar. No cabe duda: es en el lagar donde nos encontramos. El lagar es el lugar donde se encuentran continuamente Dios y el adorador del Tercer Día.

Es allí donde se nos aplica la presión.

El apóstol Juan nos habla de una boda que se celebró en el tercer día.

> *Al tercer día se hicieron unas bodas en Caná de Galilea.*—*JUAN 2:1*

Amado, en el tercer día se van a celebrar unas bodas. En el tercer día hay un banquete de bodas. Ha llegado el tiempo de celebrar. Ha llegado el tiempo de regocijarnos.

LAS CIRCUNSTANCIAS POR LAS QUE PASAMOS NO TIENEN POR QUÉ SER OBRA DEL ENEMIGO *EN CONTRA NUESTRA*. MUCHO MÁS IMPORTANTE QUE ESO: SON OBRAS DE DIOS A FAVOR NUESTRO.

Conocemos la historia: fue el primer milagro de Cristo. Transformó el agua en vino. Antes de hablar del vino, echémosle un vistazo al lagar. ¿Cómo se hace el vino? Se hace aplastando las uvas. Y eso es lo que somos nosotros. Somos las uvas de la viña. Las uvas no pueden producir vino, a menos que se las aplaste.

En el lagar es donde Dios nos aplasta. Allí, los pies del Todopoderoso exprimen la vida de los suyos. Yo me encuentro bajo la sombra del Todopoderoso.

54

✳ **No son los pies del enemigo los que me aplastan.**

✳ **Los que me aplastan son los pies de mi Dios todopoderoso.**

Los pies del Todopoderoso me aplastan continuamente; aplastan continuamente mi carne… mi humanidad… mis limitaciones… mis defectos… mis inhibiciones… mis complejos… y mis inseguridades. Sus pies me aplastan.

Los pies del Cordero me aplastan. Me aplastan en el lagar. Me aplastan hasta que sale vino de mí.

En estos mismos momentos, Él lo está aplastando a usted. Las circunstancias que lo rodean; las presiones que está sintiendo—a veces hasta llegar al punto de la aniquilación total y el rendimiento incondicional—son pasos del tercer día hacia la reivindicación completa. Hay ocasiones en que somos aplastados hasta el punto de una rendición inequívoca de toda nuestra fortaleza. Posiblemente hasta el punto de la negación completa. Pero es el aplastamiento necesario bajo los pies del Maestro. Es el Esposo… El Esposo está exprimiendo las uvas que van a producir el vino para el banquete del Tercer Día. Nos está exprimiendo a usted y a mí.

EL VINO

Esas cosas por las que usted está pasando en estos mismos momentos… las circunstancias que lo dejan perplejo a veces… son más obra de Dios que del enemigo. Dios mismo está haciendo vino con las uvas. Hasta el mismo Cristo fue aplastado. Los mejores vinos no proceden del valle de Napa, de los campos de Francia o de las viñas de Italia.

En la colina del Gólgota se fabricó vino. Cristo fue aplastado. Se convirtió en pecado sin haber conocido pecado. Cristo fue aplastado… aplastado por el amor que tiene por los suyos. Aplastado, y así se fabricó el vino de las uvas. Hoy bebemos de ese vino añejo de dos mil años. ¿Qué estamos bebiendo? Bebemos…

EN EL TERCER DÍA, NUESTRO OBJETIVO SERÁ OTRO: "¿QUÉ PUEDO HACER PARA LOGRAR QUE DIOS DANCE, CANTE Y SE REGOCIJE?"

55

* **Gracia de la mejor vendimia**
* **Perdón de la mejor vendimia**
* **Fe de la mejor vendimia**

Nadie ha podido imitar jamás el vino de Cristo. Estamos bebiendo del mejor de los vinos; mejor que el que sirven en el bar de Joel. Este vino es mejor que un movimiento espontáneo dentro de nuestro cuerpo en un gran culto de avivamiento. Se trata de la cruz del Calvario. Nos habían dejado sólo con agua. Estábamos limitados al agua, pero **ahora vamos a beber vino; el vino de la gracia.** El vino inexplicable. **Un vino de una belleza, un sabor, un aroma y una fragancia tales, que nunca jamás volverá a haber otro igual. Bebemos el vino de la gloria...el vino de la gracia.** Todo aquél que beba, no volverá a tener sed. Pero no hay duda: sentimos la presión del lagar. **Presión; Presión; Presión.** En el tercer día sentiremos la presión.

* **La religión aguada será transformada en un avivamiento, una relación y un levantamiento llenos de vino.**
* **La predicación aguada será convertida en una exhortación, una revelación y una ministración llenas de vino.**
* **La alabanza y la adoración aguadas serán convertidas en cánticos proféticos llenos de vino: el canto del Señor y la adoración que producirán un nuevo cántico en nosotros.**

Creo que en el segundo día estábamos obsesionados, incluso en el mundo pentecostal y carismático, con esta oración: "Dios mío, hazme danzar. Dios mío, hazme gritar. Dios mío, hazme chillar. Dios mío, túmbame. Dios mío, hazme esto o aquello."

Que nuestra vida haga que los cielos dancen. Que nuestra vida, testimonio, santidad e integridad… la veracidad y la sinceridad de nuestro corazón… la transparencia de nuestro espíritu… desaten una celebración en los lugares celestiales. Que se nos unan los ángeles. Que esta hora se convierta en el momento en el cual la Iglesia refleja la imagen de lo que debería ser: una novia llena de júbilo, gozosa, festiva, con ánimo de celebración, que espera el regreso de su Novio. Porque en el tercer día, se celebraron unas bodas.

JESÚS, EL FABRICANTE DE VINO

¿Por qué María, la hermana de Lázaro, le ungió los pies a Jesús? Los ungió para aplastar. Para aplastar en la cruz el pecado del mundo. Y a nosotros también nos aplasta de manera similar el Fabricante de vino. Es importante que comprendamos la revelación del vino del tercer día. No es lo que algunos se han imaginado. Nosotros no podemos limitar a

EL VINO DEL TERCER DÍA NO NOS EMBRIAGA HASTA INCAPACITARNOS. EL VINO DEL TERCER DÍA, LO QUE HACE ES CAPACITARNOS.

Cristo, el fabricante de vino, a alguna experiencia emocional dentro de un culto. No podemos limitar a Cristo, el fabricante de vino, a un temblor o una sacudida, o un grito o una danza dentro de un culto. Estas cosas muy bien pueden resultar maravillosas y animadoras. Pueden ser expresiones positivas dentro de este gran momento de avivamiento. Sin embargo, de ninguna manera pueden representar por completo el mensaje del vino del tercer día.

El vino del tercer día es mucho más que la experiencia de

57

embriagarse en el Espíritu. El vino del tercer día produce mucho más que la embriaguez espiritual.

No nos quita el sentido, sino que nos lo devuelve. Ésta es la cualidad que diferencia al vino de Dios del tercer día, del vino del primero y del segundo. El vino de Dios nos hace sentirnos sobrios ante la realidad de la cruz, de la resurrección y de la tumba vacía .

CRISTO ESTÁ FABRICANDO VINO CON NUESTRAS EXPERIENCIAS.

Se ha hablado mucho acerca del vino espiritual que ofrece el bar de Joel. Para muchos, embriagarse con el vino de Dios ha sido una meta que alcanzar. Hay cierta validez en un gozo abrumador que nos hace actuar en ocasiones como si estuviéramos ebrios. Tal vez en la danza… tal vez en los gritos… tal vez en la exuberancia. Pero el vio de Dios no es un vino que incapacita.

✳ **Es el vino que nos lleva a un nivel más elevado.**
✳ **Es el vino que nos hace sentir sobrios.**
✳ **Es el vino que nos purifica.**

El vino del tercer día es el vino de la cruz. Es el vino de la resurrección. Es el propio fabricante de vino. Jesús es ese fabricante. En el tercer día, Jesús convirtió el agua en vino, pero antes de hacerlo, ordenó que llenaran de agua todas las tinajas. **En el segundo día, llenamos nuestras tinajas de agua.** Llenamos nuestra experiencia con teología. Llenamos nuestros cultos con orden. **Llenamos nuestros sermones con estructuras y bosquejos. Llenamos nuestros sistemas doctrinales con dogmas. Llenamos las tinajas con agua.** Una buena parte del agua era clara, pura y buena, pero también había agua que era irrelevante. De hecho, parte de ella era agua inadecuada e impura. Pero en el tercer día, aleluya, Dios va a convertir el agua en vino.

58

Somos uvas del primer día, pasas del segundo o vino del tercero. En el segundo día—nuestro período de pasas—no logramos nada. Pasamos demasiado tiempo atascados en nuestra guerra de trincheras, encogidos, secos, arrugados y sin éxito. Hablábamos de vino, pero nunca nos convertimos en vino.

✳ **Lo escribíamos, pero nunca lo llevábamos a la práctica.**
✳ **Lo veíamos, pero nunca lo adquiríamos.**
✳ **Soñábamos con él, pero nunca lo lográbamos.**

No se pierda la unción del tercer día. No se pierda esta hora. No se vuelva una pasa. En el cuerpo del tercer día, tenemos que ser uvas a punto de ser exprimidas. **Que comience el proceso.** Que el Maestro fabricante de vinos—el novio—exprima a la Iglesia. Que el novio exprima a cada uno de los creyentes. Que el novio me exprima a mí. Que el novio lo exprima a usted. **Que nos exprima para sacarnos las impurezas; para sacarnos las cosas inútiles. Que nos exprima hasta sacarnos incluso la unción. Que nos exprima para sacarnos el gozo... el celo... la fe. Que nos exprima hasta que salgan la fe, la santidad y el poder.** Que Dios nos exprima, aleluya.

Amigo, permita que todas las circunstancias que se le atraviesen se conviertan en una oportunidad para hacer vino. Todas las presiones, los dolores, los sufrimientos, los desafíos...Todas las perplejidades, los dilemas; el lodazal entero... Que todo se convierta en un viñedo.

Usted puede convertir en lagar cuanta circunstancia lo rodee, a base de dar un paso al frente, poseer y proclamar. Todo cuanto

59

EN EL TERCER DÍA, NECESITAMOS CONVERTIR NUESTRAS CIRCUNSTANCIAS EN UN LAGAR.

lo rodea en estos momentos es un viñedo. Usted se encuentra en medio de ese viñedo. Cristo es la vid. Usted está unido a la vid, y ahora tiene la oportunidad de aplastar para producir vino.

ADÁN VERSUS JESUÚS

Lo exhorto, mientras el novio nos exprime para fabricar el vino del tercer día, a que se deje exprimir continuamente por Él. Que siga eliminando en nuestro interior las cosas que no deben estar allí, hasta que todo lo que salga sea puro, belleza al ciento por ciento. Vino puro; Jesús puro. En el tercer día, es esencial esta gran actividad del vinatero en la que exprime la uva. ¿Qué está Él aplastando en nosotros? Está aplastando al Adán. Necesita aplastar al Adán para que pueda salir Jesús.

HEMOS ESTADO VIVIENDO COMO ADÁN CUANDO HABRÍAMOS DEBIDO VIVIR COMO JESÚS.

Y así como hemos traído la imagen del terrenal, traeremos también la imagen del celestial.—1 CORINTIOS 15:49

Necesitamos traer la imagen celestial.

Nosotros tenemos un potencial mayor que el de Adán. Tenemos una promesa mayor. En el tercer día, somos Jesús; no somos Adán.

* **No somos de la tribu de Adán, sino de la tribu de Jesús.**
* **No hemos nacido a la muerte de Adán, sino a la vida de Cristo.**
* **No fuimos creados en el Génesis, sino en Juan 3:16**

Dios creó a Eva y se la dio a Adán, para que no estuviera

solo. Pero a nosotros nos dio alguien más grande que Eva. Nos dio al Espíritu Santo—el Consolador y Consejero—para que no estuviéramos solos.

> *Mas el Consolador, el Espíritu Santo, a quien el Padre enviará en mi nombre, él os enseñará todas las cosas, y os recordará todo lo que yo os he dicho.—*JUAN 14:26

Adán fue cubierto con aquella piel, pero nosotros somos cubiertos con la sangre del Cordero. Deje de vivir como Adán. Ya es hora de que comience a vivir como Jesús. Usted no fue hecho a imagen de Adán. Usted fue formado a imagen de Jesucristo. Si bien Dios le dio a Adán capacidad para ponerles nombre a todos los animales del huerto, a usted lo ha ungido para que nombre todas las bendiciones del reino. Usted no es hijo de Adán, sino producto de Jesús.

> **DIOS VISTIÓ A ADÁN CON UNA PIEL DE ANIMAL, PERO A NOSOTROS NOS HA CUBIERTO CON LA SANGRE DEL CORDERO.**

¿QUIÉNES SON ÉSOS?

Después de la caída, Adán perdió el acceso al huerto. En cambio, usted y yo tenemos acceso al salón del trono de Dios…al salón del trono de la Gloria. No me quiero conformar con su huerto. Quiero tener acceso a Él mismo.

61

* **Nosotros tenemos acceso al salón del trono de Dios.**
* **Nosotros tenemos acceso al corazón de Dios.**
* **Nosotros tenemos acceso a los oídos de Dios.**

Ésta es la razón de que los ángeles se sientan perplejos de vez en cuando. Los ángeles deben estar perplejos con

"PERO CUANDO UN ADORADOR REDIMIDO LEVANTA UNA MANO O SUSURRA UN SONIDO, ÉL SE LEVANTA DE SU TRONO, Y EJECUTA DE INMEDIATO LO QUE ESE SANTO LE HA PEDIDO EN SU ORACIÓN."

nosotros. Debe haber una cantidad increíble de asombro en los lugares celestiales. Los ángeles se deben estar preguntando entre sí: "¿Quiénes son ésos?" ¿Qué poder tienen, que con su susurro son capaces de hacer temblar a los cielos. Nosotros hemos cantado Santo, Santo, Santo durante toda una eternidad, y apenas logramos que se mueva, o que parpadee.

* Con un solo grito, los infiernos se echan a temblar.
* Con una sola mano levantada hacia el Dios todopoderoso, todos los ángeles saltan de inmediato a la posición de firmes, con sus espadas desenvainadas.

¿Quiénes son ésos que provocan a los cielos y aplastan los infiernos? ¿Qué autoridad tienen? ¿De dónde procede esa autoridad? Amigo, nuestra autoridad viene del fabricante de vinos. Hemos sido aplastados por Él.

¡DIOS SIEMPRE NOS DESPIERTA PARA HACER QUE NOS LEVANTEMOS Y SUBAMOS MÁS ALTO!

62

Ya hemos llevado el tiempo necesario para llenar de agua nuestras tinajas. Es hora de que comience el proceso de transformación. Es hora de que el agua sea transformada en vino. Nosotros somos el vino del tercer día.

* Vamos a llevar gozo a los desolados y consolar a los quebrantados de corazón.
* Vamos a proclamar el año de gracia del Señor.

AVIVA EL VINO DEL TERCER DÍA

Vamos a liberar a los cautivos y resucitar a los muertos.

Vamos a proclamar las buenas nuevas.

El Espíritu del Señor está sobre mí, por cuanto me ha ungido para dar buenas nuevas a los pobres; me ha enviado a sanar a los quebrantados de corazón; a pregonar libertad a los cautivos, y vista a los ciegos; a poner en libertad a los oprimidos. —LUCAS 4:18

Nosotros somos el vino del tercer día. Yo he sido aplastado, porque Dios quería extenderme y llenar otras vidas con el testimonio y el gozo de mi vida. El gran vinatero ha aplastado esta uva a fin de poderme compartir con todo el mundo. Ahora comprendo las circunstancias. Ahora comprendo el gozo. Ahora comprendo el razonamiento. Ahora comprendo el propósito.

EN EL TERCER DÍA, EL ADÁN QUE EXISTE EN NOSOTROS DEBERÁ SER DESTRUIDO, DE MANERA QUE EL JESÚS QUE ESTÁ EN NOSOTROS PUEDA VIVIR A PLENITUD.

TINAJAS PARA LA PURIFICACIÓN

63

Las tinajas destinadas a la purificación se convierten en los depósitos del vino nuevo. No eran unas tinajas corrientes; eran las tinajas de purificación usadas para almacenar el agua. Éstas fueron las que se convirtieron en las vasijas e instrumentos que crearon el catalizador con el cual Dios transformó el agua en vino.

Usted y yo somos purificados en el tercer día para que el

agua que hay dentro de nosotros quede transformada en vino. **No somos vasijas cualesquiera.** Somos las vasijas que la experiencia ha moldeado. Hemos sido moldeados por las situaciones y las circunstancias. **Somos vasijas que han sido moldeadas en nuestros momentos de oración y en el lugar secreto. Vasijas que han sido moldeadas en los altares sobre nuestras rodillas y sobre nuestro rostro,**

SOMOS LAS TINAJAS DE LA PURIFICACIÓN QUE SE CONVIERTEN EN LOS DEPÓSITOS DEL NUEVO VINO EN EL TERCER DÍA.

postrados y derrumbados, llorando y gimiendo y quejándonos en una lengua imposible de discernir que es comprensible en los lugares celestiales. Somos las vasijas que han sido moldeadas y purificadas. El proceso de purificación es continuo. No se limita a un momento, a un avivamiento, a una conferencia o a una campaña.

El proceso de purificación continúa.

* **Por eso hemos sido purificados.**
* **Por eso hemos tenido que pasar por un proceso.**
* **Por eso no fuimos escogidos cuando pensábamos que nos habrían debido escoger.**
* **Por eso no nos dieron la oportunidad cuando pensábamos que éramos los mejores para esa oportunidad.**

Se nos fijó un momento; Dios mismo nos puso en un proceso destinado de antemano a reservarnos para el tercer día. ¿Por qué el tercer día? Porque Dios guarda lo mejor para lo último.

Al tercer día se hicieron unas bodas en Caná de Galilea; y estaba allí la madre de Jesús. Y fueron también invitados a las bodas Jesús y sus discípulos. Y faltando el vino, la madre de Jesús le dijo: No tienen vino.

Jesús le dijo: ¿Qué tienes conmigo, mujer? Aún no ha venido mi hora.

Su madre dijo a los que servían: Haced todo lo que os dijere.

Y estaban allí seis tinajas de piedra para agua, conforme al rito de la purificación de los judíos, en cada una de las cuales cabían dos o tres cántaros. Jesús les dijo: Llenad estas tinajas de agua. Y las llenaron hasta arriba. Entonces les dijo: Sacad ahora, y llevadlo al maestresala.

Y se lo llevaron. Cuando el maestresala probó el agua hecha vino, sin saber él de dónde era, aunque lo sabían los sirvientes que habían sacado el agua, llamó al esposo, y le dijo: Todo hombre sirve primero el buen vino, y cuando ya han bebido mucho, entonces el inferior; mas tú has reservado el buen vino hasta ahora.

—Juan 2:1-10

Amigo, amiga, hermano, hermana: Usted y yo hemos sido reservados hasta este momento. Usted y yo hemos sido reservados para esta ocasión.

En el tercer día fue cuando el gran pez vomitó a Jonás. Nosotros somos liberados. Somos vomitados en este mismo momento, para ir a caer a la plenitud de la unción de Dios.

Estuvimos almacenados en el vientre del gran pez durante tanto tiempo, porque estábamos a la espera de un momento como éste. Hemos sentido que hemos estado con dolores de parto…tardándonos…esperando. Se acabó el tiempo de nuestra espera. Se nos está tosiendo sobre Nínive. El gran pez de la religión…la mediocridad… y la comodidad nos está vomitando. Hasta el gran pez de la espera, los dolores de parto y la tardanza nos está vomitando. Ha llegado el tiempo del gran lanzamiento.

EL GRAN LANZAMIENTO

En este mismo momento del tercer día se está procediendo a lanzarnos. En todos los Estados Unidos, en toda la América Latina, en toda Europa, Asia, la India y el África se está lanzando a muchos adoradores del Tercer Día. Ésta es la razón de que se estén produciendo milagros y manifestaciones tan similares en partes tan distantes del mundo, sin contacto con los medios noticiosos, ni acceso a la tecnología y a la Internet. En tribus y aldeas de todo el mundo se están presentando y ejecutando los mismos milagros. Se está derramando y extendiendo una unción como nunca antes habíamos visto. En estos mismos momentos, mientras hablamos, se está presentando el más grande de todos los avivamientos.

> **ES UN AVIVAMIENTO EN EL CUAL JESUCRISTO ES PUESTO EN ALTO, Y ESTÁ ATRAYENDO A TODOS LOS SERES HUMANOS A SÍ.**

Dios guarda lo mejor para lo último.

✳ **Él nunca da lo mejor al principio.**
✳ **Él nunca da lo mejor a mediados.**
✳ **Él guarda lo mejor para lo último.**

66 Volvamos a las Escrituras en busca de evidencias a favor de esta realidad. La gran historia de la Creación de Dios demuestra su estilo de "lo mejor para lo último".

En el principio creó Dios los cielos y la tierra…Y dijo Dios: Sea la luz…Y fue la tarde y la mañana un día.

Luego dijo Dios: Haya expansión en medio de las aguas, y separe las aguas de las aguas…Y fue la tarde y la mañana el día segundo.

Dijo también Dios: Júntense las aguas que están debajo de los cielos en un lugar, y descúbrase lo seco. Y fue así. Y llamó Dios a lo seco Tierra, y a la reunión de las aguas llamó Mares. Y vio Dios que era bueno. Después dijo Dios: Produzca la tierra hierba verde, hierba que dé semilla; árbol de fruto que dé fruto según su género… Y fue la tarde y la mañana el día tercero.

Dijo luego Dios: Haya lumbreras en la expansión de los cielos para separar el día de la noche; y sirvan de señales para las estaciones, para días y años, y sean por lumbreras en la expansión de los cielos para alumbrar sobre la tierra…Y fue la tarde y la mañana el día cuarto.

Dijo Dios: Produzcan las aguas seres vivientes, y aves que vuelen sobre la tierra, en la abierta expansión de los cielos…Y fue la tarde y la mañana el día quinto.

Luego dijo Dios: Produzca la tierra seres vivientes según su género, bestias y serpientes y animales de la tierra según su especie... Entonces dijo Dios: Hagamos al hombre a nuestra imagen, conforme a nuestra semejanza…Y vio Dios todo lo que había hecho, y he aquí que era bueno en gran manera. Y fue la tarde y la mañana el día sexto.

—*Textos escogidos en Génesis 1*

¿Qué fue lo último que creó Dios? La humanidad. Él deja lo mejor para lo último. Si lee todo el texto de Génesis 1, verá que después de que Dios creara cada cosa, la Palabra dice: "Y vio Dios que era bueno". Pero sólo después de haber creado al hombre, dijo que era *"bueno en gran manera"* (v. 31). Somos mucho más que buenos solamente; somos *muy buenos.* Somos estupendos. Somos excelentes, porque Dios deja lo mejor para lo último.

Dios pronunció a través del profeta Joel sus palabras con respecto a los últimos días.

Y después de esto derramaré mi Espíritu

67

sobre toda carne, y profetizarán vuestros hijos y vuestras hijas; vuestros ancianos soñarán sueños, y vuestros jóvenes verán visiones.—Joel 2:28

El último avivamiento es el mayor de todos los avivamientos. La última experiencia es la mayor de todas las experiencias. Precisamente cuando usted creía que todo había terminado… ¡Aleluya!

✳ **Es ese último paso.**
✳ **Es ese último centímetro.**
✳ **Es ese último impulso.**

No se dé por vencido. Siga adelante. Siga aplastando las uvas. Siga adelante, porque Él guarda lo mejor para lo último.

UNA GENERACIÓN NUEVA

Él guarda lo mejor para lo último. Esta realidad sola basta para demostrar la razón por la que Satanás ha tratado en tantas ocasiones de impedir que nazcan muchos cristianos, usando la maldición del aborto. Estamos a punto de ver la generación de creyentes más increíblemente ungida en la historia de la Iglesia. No se conforman a los parámetros, estipendios o etiquetas que les ponga la gente común y corriente. Son radicales. Nuestra generación, nuestra generación cristiana, es radical. No nos parecemos a nuestros antepasados, no hablamos como ellos, pero tenemos que proclamar que tenemos la misma pasión que ellos.

68

✳ **Creemos en el legado que nos pasaron nuestros antepasados.**
✳ **Edificamos sobre los esfuerzos, las huellas y los cimientos creados por nuestros antepasados.**

✳ **Agradecemos los esfuerzos—y las vidas— que nuestros antepasados entregaron por el sufrimiento de la cruz.**

No debemos ser tan ignorantes o ingenuos como para pensar que nosotros estamos creando algo totalmente nuevo. No debemos entrar con un espíritu arrogante, creyendo que nuestras cosas son exclusivas sólo para nosotros, y que vamos a aniquilar todo lo del pasado. La generación del Tercer Día valora el legado de nuestros antepasados. La vendimia procede de viñedos que han existido por generaciones y generaciones. El que seamos los del tercer día no anula los cantos que cantaban antes nuestras iglesias, ni los sermones que antes se predicaban en nuestros altares.

EL TERCER DÍA EJEMPLIFICA LAS VERDADES FUNDAMENTALES QUE LE HAN DADO SOLIDEZ A NUESTRA FE DURANTE GENERACIONES Y GENERACIONES, Y LO HACE A UN NIVEL MÁS ALTO... CON MÁS RUIDO... CON MÁS PODER... CON MÁS CLARIDAD.

En el tercer día, no adoramos al avivamiento. Tampoco podemos adorar la adoración.

Me temo que muchos hayan interpretado de manera incorrecta la razón de ser, la visión y los objetivos de una persona del tercer día. Un cristiano del tercer día… un creyente del tercer día… una iglesia del Tercer Día… no puede vivir en la obsesión del avivamiento. No podemos estar obsesionados con la adoración.

✳ **Tenemos que estar obsesionados con Jesucristo.**

* Tenemos que estar obsesionados por ponerlo a Él en alto, y que todos los seres humanos sean atraídos a Él.

* Tenemos que estar obsesionados con la cruz del Calvario...con la tumba vacía... con Pentecostés... con el aposento alto.

* Tenemos que estar obsesionados con la Palabra de Dios y con su validez, con la infalibilidad y la proclamación de la Palabra de Dios, guardándola de los lobos que intentan distorsionarla.

* Tenemos que predicar un avivamiento desde la cruz.

El avivamiento procede de la cruz. **El avivamiento es la cruz. El avivamiento es Jesús.** La gloria de Dios es Jesús. La unción es Jesús. Es el poder de Dios para salvación. Ni más ni menos que eso. Pero en el tercer día, Dios guarda lo mejor para lo último.

Usted y yo hemos sido perseguidos, y ambos hemos sufrido. Sin duda, han atentado muchas veces contra nuestra vida, y ni siquiera nos hemos dado cuenta. El aborto fue legalizado en nuestra generación. Los crímenes contra los niños se han intensificado grandemente. Los niños son en estos momentos el primero de los blancos preferidos por el enemigo. Los niños son los blancos principales de Satanás en el tercer día. ¿Por qué los niños? Porque de la boca de los niños brota la alabanza.

> *De la boca de los niños y de los que maman, fundaste la fortaleza, a causa de tus enemigos, para hacer callar al enemigo y al vengativo.* —SALMO 8:2

Mas Jesús, llamándolos, dijo: Dejad a los niños venir a mí, y no se lo impidáis; porque de los tales es el reino de Dios. —Lucas 18:16

Amado, creo que en el tercer día surgirá una generación de jóvenes; una generación de niños, que va a revolucionar al mundo entero para Jesucristo.

El grupo máas radical de creyentes está naciendo hoy en los cuartos de hospital, o se halla en las escuelas elementales, las escuelas secundarias y las universidades de todo el mundo.

Éstos son los ungidos más radicales del planeta. Son la gente más peligrosa del Planeta Tierra. Van a enderezar para Jesucristo este mundo que está al revés. Hay una unción sobre esta generación, porque Él deja lo mejor para lo último.

* **No es coincidencia que usted viva en este tiempo.**
* **No es cuestión del azar el que usted viva en este tiempo.**
* **Usted vive ahora, porque es lo mejor.**

Se lo repito: usted es lo mejor. Usted vive en este tiempo, porque Dios deja lo mejor para lo último. Éste es su momento para regocijarse, si momento para alabar, su momento para celebrar, porque Él deja lo mejor para lo último. Su iglesia va a ser la mejor iglesia, porque Él deja lo mejor para lo último. Su ministerio será el mejor, porque Él deja lo mejor para lo último. La unción que va a haber sobre su vida va a ser la mejor, porque Él deja lo mejor para lo último. **Ha llegado la hora. Basta de rebajar a Jesús. Basta de echarle agua al Evangelio. Basta de echarle agua a la predi-**

71

cación. Basta de echarle agua a la fe. **Basta de echarle agua a la unción. Basta de echarle agua a la adoración. Basta de echarles agua a las enseñanzas. Él deja lo mejor para lo último.**

ODRES NUEVOS PARA EL VINO NUEVO

En el tercer día se levantarán los cristianos del vino nuevo. En el tercer día marcharán los cristianos del vino nuevo. En el tercer día, los cristianos del vino nuevo van a ejercitar el llamado de la gloria de Dios en las iglesias y los púlpitos de todo el mundo.

* **En el tercer día, no se van a reprimir.**
* **En el tercer día, no van a tener limitaciones.**
* **En el tercer día, no se van a dejar intimidar.**
* **En el tercer día, no se van a dejar callar.**

¿Por qué? Porque Él guarda lo mejor para lo último. Vienen odres nuevos. La estructura externa… La logística… va a ver producirse un gran cambio de modelos en el cuerpo de Cristo.

Las denominaciones y los movimientos que van a tener éxito en el tercer día son los que tengan la agilidad suficiente para reconocer la dinámica cultural, económica y espiritual de la Iglesia del Tercer Día en el cuerpo de Cristo. No es lo mismo que era en el cuerpo de Cristo hace cien años. El cuerpo de Cristo en el tercer día es muy diferente. El cuerpo de Cristo en el segundo día presentaba exigencias, expectaciones y anhelos. El cuerpo del segundo día usaba la tecnología y manifestaba fervor y celo.

72

NO NOS LIMITAN LOS COMITÉS NI LAS JUNTAS, SINO QUE SOMOS LANZADOS A LA PLENITUD DEL MINISTERIO.

En este tercer día también hay que

tener en cuenta cada uno de estos factores en los salones de las juntas y en las oficinas ejecutivas de los ministerios, las organizaciones y las denominaciones de todos los Estados Unidos y del mundo entero. Pero sólo los que sean ágiles… los que estén dispuestos a cambiar de odres antes de que el agua se convierta en vino… van a triunfar y florecer.

Los que se sigan preocupando por los odres viejos, en lugar de crear un odre nuevo para guardar el vino nuevo, perecerán. El tercer día no tiene que ver con el odre. Tiene que ver con el vino. Y más importante aún; no tiene que ver con el vino, sino con su fabricante.

LA BODA DEL TERCER DÍA

Al tercer día, se celebró una boda. ¿Está usted listo para la boda? Nosotros vamos a desfilar en esta boda. Todos nos hemos reunido. Se han acabado los ensayos y las prácticas, y ahora esperamos. Esperamos la aparición de la novia en la ceremonia. Esperamos. Esperamos que suene la música para entrar desfilando. Esperamos a que la novia se una al novio ante el altar. Esperamos a que se oiga la marcha nupcial. Esperamos la marcha nupcial que va a hacer que todos se levanten. Entonces la novia hará su gran entrada triunfal, con su blanco vestido lleno de perlas, sin mancha ni arruga alguna. Aquí estamos… **esperando, esperando, esperando.** Al tercer día se deberá escuchar la música. Debe ser la marcha nupcial. No va a ser una simple canción formal, una marcha ni un tema militar.

73

* En el tercer día no sólo vamos a llevar el uniforme del soldado.
* En el tercer día estaremos vestidos para la fiesta de bodas.

Yo estoy esperando para ver si esta vez, después de levantar el velo, el Espíritu Santo le entrega la novia al Novio. ¿Va a ver el Espíritu Santo la gloria de Dios en el rostro de esta novia? Tal vez la razón por la que Él no ha vuelto aún es que el Espíritu está esperando hasta ver la gloria de Dios en el rostro de la novia. Tal vez la gloria no se ha manifestado allí aún. En ocasiones ha habido disputas, divisiones y antagonismos que han llenado de cicatrices el rostro de la novia.

EL ESPÍRITU SANTO NO LE PUEDE ENTREGAR AL NOVIO UNA IGLESIA QUE NO TENGA LA GLORIA DE DIOS EN SU ROSTRO.

En el tercer día, la Iglesia debe manifestar la gloria de Dios en su rostro. Cuando el Espíritu Santo le levante el velo, ¿qué va a ver? Que vea la gloria de Dios. Si se ve la gloria de Dios en el rostro de la Iglesia, por fin se la va a poder presentar al Novio y finalmente, después de dos mil años, se celebrará la ceremonia nupcial.

EL APLASTAMIENTO FINAL

El proceso de aplastamiento es tan torturador, que es difícil describirlo. El aplastamiento no se produce porque la vara o el cayado de Dios nos golpee o nos castigue. Dios nos tortura de una manera diferente. En medio de mi dolor y mi desesperación, clamé y le pregunté a Dios: ¿Por qué? ¿Por qué? ¿Por qué?

74

* **¿Por qué insistes en visitarme?**
* **¿Por qué me torturas con tu gracia?**
* **¿Por qué me persigues con tu perdón?**
* **¿Por qué me rodeas con tu misericordia?**

❋ **¿Por qué me castigas con tu amor?**
❋ **¿Por qué me continúas siguiendo aun después de que te he vuelto la espalda?**

"¿Por qué", pregunto, "no me aplasta su ira, o su enojo, o su fuego?" Es irónico que en el tercer día Él me queme, me cree y me edifique con su fuego y con su gloria. ¿Por qué, por qué, por qué aplastarme?

En el tercer día, cada vez vamos a desear menos que sus manos nos levanten hasta los lugares más altos, sino que vamos a preferir que nos aplaste la planta de sus pies en los lugares más solemnes. Prefiero ser aplastado en el valle **COMIENZO SU-PLICÁNDOLE QUE SE DE-TENGA, TERMINO ROGÁNDOLE QUE SIGA.** cualquier día, a ser levantado a la cima de las montañas sin ti.

¿Eres un cristiano del tercer día?

AVIVANOS CON LOS PRINCIPIOS DEL TERCER DIA

Esperan, *esperan*, **esperan** con un ansia total la gloria venidera, el mayor de los avivamientos, con su derramamiento máximo. Esperan …

- ❋ **En ningún lugar, y en todos**
- ❋ **Escondidos, pero verdaderamente visibles**
- ❋ **En las sombras, y a plena luz**

Esperan. Esperando, anhelando, ansiando, deseando, hambreando lo más grande, lo definitivo, lo mejor; a Dios sin censuras, sin inhibiciones, sin limitaciones y sin obstáculos.

BUSCAN A DIOS EN TODA SU PLENITUD, NO UN DIOS CENSURADO POR EL HOMBRE, LA RELIGIÓN, LOS PROGRAMAS O LAS IDEAS, SINO UN DIOS LIBRE PARA SER DIOS,

Esperan. En sus lugares secretos de oración, en los altares, sobre sus rodillas, en los sótanos y en los aposentos altos, esperan. Están por todas partes. Éstos, los extraños, los fanáticos, los locos, los radicales, los disparatados, los absurdos y los necios; todos ellos esperan. ¿Dónde están? Están por todas partes.

* **En los pasillos y en las bancas**
* **En los altares y en los púlpitos**
* **En las salas de los coros y en las clases de escuela dominical**
* **En Wall Street y en Silicon Valley**
* **En las fincas de Nebraska y en las pampas de la Argentina**

Están por todas partes…en los barrios bajos y en las mansiones; en las zonas residenciales y en lo más pobre de la ciudad. Son negros. Son blancos. Son morenos. Son amarillos. Son cobrizos. Y aunque haya muchos idiomas y muchos rostros, en el tercer día se está lanzando un mismo espíritu, un mismo deseo, una misma unción, un mismo llamado. En el tercer día hay necios, locos, radicales y fanáticos. Todos ellos son diferentes. Insatisfechos con la religión, esperan mucho más de Dios, procedente de Dios y dentro de Dios. ¿Hasta qué punto tienen que ser tan tontos como para creer que la Palabra es infalible, y que es veraz? ¿Hasta qué punto deberá llegar su ingenuidad para creer que pueden hacerlo todo en Cristo, que los fortalece?

¡Qué ridícula; qué absurda su expectación de que realmente van a hacer cosas mayores en el nombre de Cristo para que el Padre sea glorificado en el Hijo! ¿Cómo es posible que crean esas cosas? ¿Por qué no pueden ser normales? ¿Por qué no se pueden contentar con asistir a los cultos de la iglesia una vez por semana? ¿Por qué no se pueden contentar con un poco de movimiento aquí y otro allí…un erizamiento, un tirón y una sacudida…un poco de agitación, una danza y un grito, una voz y un chillido? ¿Por qué no se pueden contentar con batir las palmas y hacer un poco de ruido?

* **¿Por qué exigen más?**
* **¿Por qué anhelan más?**
* **¿Por qué esperan más?**

NO ESTAN DISPUESTOS A MORIR SÓLO POR UN POCO MÁS DE ÉL, SINO POR TODO ÉL.

Sobre todo, ¿cuál es la razón de que estén dispuestos a morir por más? No por más experiencias, sino por más de Él.

Esperan, esperan y esperan. Y ya están saliendo a la luz, porque el tercer día ha llegado. Ha caído sobre ellos el día del gran lanzamiento. Estos personajes raros, esta gente, estos creyentes, tienen un nombre: **Los adoradores del Tercer Día han llegado.**

Los adoradores del Tercer Día viven, corren y caminan. Hablan y respiran. Predican y oran y adoran. Leen y estudian y crecen. Discipulan con principios diferentes a los del primer día y el segundo. Usan…

* **Principios que los guían y dirigen.**
* **Principios que los edifican y levantan.**
* **Principios de poder, enriquecimiento, intensificación y disfrute.**
* **Principios de santidad total y absoluta.**

Levántese; le digo que se levante. No espere más, porque ha llegado el momento. Ahora es el tiempo.

79

* **Le hablo a usted, adorador del Tercer Día: levántese.**
* **Le hablo a usted, guerrero del Tercer Día: levántese.**
* **Le hablo a usted, loco por Jesús del Tercer Día: levántese.**

* **Le hablo a usted, mujer del Tercer Día: levántese.**
* **Le hablo a usted, hombre del Tercer Día: levántese.**
* **Le hablo a usted, joven del Tercer Día: levántese.**
* **Le hablo a usted, anciano del Tercer Día: levántese.**

Su hora ha llegado. La hora de su destino está ya aquí. Ya no tiene que seguir escondiéndose. Su momento de gloria en su presencia… de deleitarse en la plenitud de su poder… ha llegado. Lleva demasiado tiempo escondido en la cueva. Es hora de que disfrute de la plenitud de su poder.

Ya no esperan más; ya no esperan más tiempo. Han llegado. LOS adoradores del Tercer Día han llegado.

Existen una serie de principios básicos para enriquecer, intensificar y llenar de poder a los adoradores del Tercer Día. Los principios son el lecho de roca…el fundamento sólido…la ejecución de la unción del tercer día. Los principios conectan y unen a los adoradores del Tercer Día. Estos principios son verdades fundamentales. Son doctrinas sólidas que nos han abierto paso; que nos han guiado hasta adentrarnos en el tercer día. Unos principios que deben ser seguidos sin titubear y sin hacer concesiones.

En el tercer día, tal vez alabemos de una forma diferente, y tal vez adoremos de una manera distinta. Es posible que la intensidad en el volumen se amplíe muy grandemente. Lo profético y la unción; las señales, los prodigios y los milagros, van a ser mayores que en el primer día, o en el segundo. En su presencia hemos sido reavivados y

80

levantados, y se nos ha hecho vivir en su presencia. Por consiguiente, vamos a ver cosas mayores en el tercer día, que en ningún otro día anterior de la historia.

Las doctrinas sólidas… los principios de nuestra fe… las verdades fundamentales que guían al cuerpo de Cristo a diario, no admiten concesión alguna en el tercer día. Estas verdades fundamentales revelan a nuestro único Dios verdadero, Creador de los cielos y de la tierra, manifestado en la Trinidad: el Padre, el Hijo y el Espíritu Santo. Estas verdades sostienen en alto a la Biblia como la Palabra infalible e inspirada del Dios todopoderoso. Revelan al Señor Jesucristo, plenamente Dios, el Hijo de Dios siempre existente. Nuestras verdades fundamentales

EL TERCER DÍA ESTÁ GUIADO POR UNOS PRINCIPIOS BÁSICOS QUE NOS PERMITEN IR MÁS LEJOS QUE LOS CRISTIANOS DE LAS GENERACIONES ANTERIORES A LA NUESTRA.

nos enseñan sobre la caída de la humanidad y nos dan la esperanza de la salvación de la humanidad. Entre las cosas básicas decretadas para la Iglesia se incluye el bautismo en el Espíritu Santo, con las lenguas como evidencia inicial. Por medio de estas verdades básicas, comprendemos la santificación, la Iglesia, la sanidad divina, la bienaventurada esperanza y el reinado de Cristo.

Éstos son los principios fundamentales básicos a los cuales nos adherimos. En estos no hay concesión posible. Existen sin que los pongamos en duda, cualquiera que sea el día en que nos hallemos.

81

No obstante, en el tercer día hay otros principios que nos adentran más aún en Dios.

Estos principios son varios. Veamos de cerca algunos de ellos.

EL PRINCIPIO DE PENTECOSTÉS: DE TRES A TRES MIL

De tres a tres mil; vamos a llamarlo el principio de Pentecostés. Este principio de Pentecostés va mucho más allá de una interpretación de las experiencias del aposento alto por una denominación determinada. El principio de Pentecostés tiene que ver con mucho más que la plenitud y el bautismo del Espíritu Santo. Este principio surgido de Pentecostés es el principio de tres a tres mil.

Permítame explicarlo. Pedro negó a Jesús tres veces, tal como Él le había profetizado.

> *Jesús le dijo: De cierto te digo que esta noche, antes que el gallo cante, me negarás tres veces.*—MATEO 26:34

Pedro negó a Jesús tres veces. Tres veces negó tener relación alguna con Él. Vemos aquí a Pedro como un personaje abandonado, vacío y atemorizado. Un hombre que en otro momento había proclamado que Jesús era el Cristo, el ungido, el hijo del Dios viviente. Pedro negó a Jesús. Pedro, el mismo Pedro que levantó una espada para proteger a su maestro, negó a Jesús tres veces.

82 Pero algo sucedió después de la Resurrección. Algo pasó en el aposento alto.

> *Entonces Pedro, poniéndose en pie con los once, alzó la voz y les habló diciendo: Varones judíos, y todos los que habitáis en Jerusalén, esto os sea notorio, y oíd mis palabras.*—HECHOS 2:14

El principio de Pentecostés nos llevará más allá del grito o de la danza, de los cultos estrepitosos o los gritos o los chillidos. Estas cosas son estupendas; necesitamos más danza, más gritos, más regocijo y más celebración en la iglesia. Pero creo que hemos sido demasiado metódicos. Es innegable que en el segundo día nos hemos quedado limitados por los mismos parámetros y las mismas prebendas en favor de los cuales estuvimos predicando en un cierto momento.

ESE MISMO PEDRO QUE HABÍA NEGADO TRES VECES A JESÚS, FUE QUIEN SE LEVANTÓ.

Nos hemos vuelto tan teológicos en nuestra forma de pensar; tan racionales, razonables, humanistas; tan inclinados al intelectualismo, que a veces hemos negado la gloria sobrenatural de Dios. Nos hemos vuelto tan metódicos, tan programados, tan ordenados dentro de nuestro orden y estructura propios, que no le permitimos al Espíritu de Dios que haga lo que quiere en muchas de nuestras vidas, iglesias y cultos. Pentecostés es muchísimo más que un simple momento, o un movimiento, o un gesto, o un grito, o una emoción.

Pentecostés es llenura; es poder para predicar la Palabra de Dios con osadía, señales, prodigios y milagros.

No sólo predicar la Palabra, sino predicarla con una unción. Y no una unción cualquiera, sino una unción sobrenatural. Es predicar el Evangelio de Jesús con Jesús. Es predicar el Evangelio de Jesús *con* Jesús, *en* Jesús, *por medio de* Jesús y *por causa de* Jesús. Podemos predicar solos el Evangelio, o lo podemos predicar bajo la unción de Jesús, con el poder y el bautismo del Espíritu Santo.

83

* Cuando alguien acude a los pies de Jesucristo por vez primera y lo acepta como Señor y Salvador personal, Cristo entra en el corazón

de esa persona.
* **Pero en el momento en que somos bautizados en el Espíritu Santo, somos nosotros los que entramos en el corazón de Dios.**

Ésa es la diferencia. Amigo, el bautismo en el Espíritu Santo es una experiencia poderosa. Todos los adoradores del Tercer Día necesitan ser bautizados con el bautismo del Espíritu Santo. No para salvación, sino para supervivencia, éxito y excelencia.

Es imposible derrotar las obras de los demonios, principados y potestades del aire, sólo con nuestra teología y nuestras manifestaciones litúrgicas. Necesitamos combatir y derrotar al enemigo de las tinieblas con el poder del Espíritu Santo. No hay otra marca distintiva que nos diferencie.

Necesitamos un bautismo fresco; un fresco despertar y un mover fresco del Espíritu Santo. El adorador del Tercer Día está enamorado de la persona del Espíritu Santo, enredado y entrelazado por completo con Él. Éste es el principio de tres a tres mil. Permítame explicárselo un poco más. En el evangelio de Juan, Jesús se le enfrentó a Pedro después de sus negaciones.

Cuando hubieron comido, Jesús dijo a Simón Pedro: Simón, hijo de Jonás, ¿me amas más que éstos? Le respondió: Sí, Señor; tú sabes que te amo. El le dijo: Apacienta mis corderos. Volvió a decirle la segunda vez: Simón, hijo de Jonás, ¿me amas? Pedro le respondió: Sí, Señor; tú sabes que te amo. Le dijo: Pastorea mis ovejas. Le dijo la tercera vez: Simón, hijo de Jonás, ¿me amas? Pedro se entristeció de que le dijese la tercera vez: ¿Me amas? y le respondió: Señor, tú lo sabes todo; tú sabes que te amo. Jesús le dijo: Apacienta mis ovejas.—Juan 21:15-17

Básicamente, Jesús le habla a Pedro de tres cosas: Pescar, alimentar y seguir. Le pregunta: "¿Me amas, Pedro?" Es interesante que no le haya hecho esta pregunta una sola vez. ¿Cuántas veces le preguntó Jesús a Pedro si le amaba? Tres veces. Y Pedro le contestó todas las veces.

Me puedo imaginar que cada vez que Jesús le hacía la pregunta a Pedro, la intensidad de su voz reverberaba con un gesto retórico de frustración, hasta el momento final—el momento del quebrantamiento—cuando se hizo evidente el verdadero propósito del Maestro. Esa verdad le fue revelada a Pedro en el aposento alto. Allí fue donde lo recordó.

DIOS TRABAJA MEJOR CON AQUÉLLOS QUE CONOCEN LA GRACIA DE JESUCRISTO.

Pedro estaba reunido con otros ciento veinte en el aposento alto. Y entonces se produjo aquel momento de la verdad. ¿A quién escogió Jesucristo para que fuera el predicador de la primera campaña llena del Espíritu, carismática, del Evangelio completo, pentecostal o como la queramos llamar, del tercer día?

* **Habría podido escoger a Juan que, al parecer, era el que menos le había fallado.**
* **Habría podido escoger a María, que le había ungido los pies con un costoso perfume.**

Pero escogió al que lo había negado. ¿Por qué escogió a Pedro y no a algún otro?

Cuando uno conoce y experimenta de manera directa la

85

gracia de Jesucristo, se convierte en un legítimo adorador del Tercer Día. La gracia de Jesucristo… la gracia de Dios… la gracia del todopoderoso lo hace un adorador del Tercer Día. La gracia de Jesús sobre la vida de una

POR CADA DÍA DE DERROTA, HABRÁ MIL DÍAS DE VICTORIA.

persona es el mayor de los misterios de todos los tiempos. Cómo es posible que Dios tenga tanta misericordia con la humanidad; cómo Dios se puede relacionar con los necios y los locos, es realmente un misterio de la gracia. Ése es el principio que capacita a Pedro para levantarse a hablar.

¿El resultado de la predicación de Pedro? Tres mil almas se acercan a Cristo. ¡Espere un momento! ¡Pare! Contemple, escuche, mire, huela, guste, toque… ¡pare! Mire de nuevo la revelación. Pedro negó a Jesús tres veces. Y en su primer mensaje, cosechó tres mil almas. Aquí está el principio.

* **Por cada día de enfermedad, habrá mil de salud.**
* **Por cada día de sufrimiento, habrá mil de risa.**
* **Por cada día de duelo, habrá mil de danza.**
* **Por cada día de pecado, habrá mil de santidad.**

Ése es uno de los principios del Tercer Día. Es el principio de Pentecostés: el principio de tres a tres mil.

* **Por cada día en que usted se sintió caído y deprimido, habrá mil en que se sentirá en las alturas.**
* **Por cada día en que no tuvo dinero ni siquiera para la leche de sus hijos, habrá mil en que va a poder bendecir a los hijos de otros.**
* **Por cada día en que fue rechazado, habrá mil en que Dios lo va a aceptar.**

✱ **Por cada día en que ha sido destruido, habrá mil en que va a ser edificado y levantado en su gloria.**

Éste es el principio de tres a tres mil. Pedro negó a Cristo tres veces, y cosechó tres mil almas. Me imagino cómo sería una entrevista con Pedro. ¿Quién es este hombre? Yo lo llamaría "El hombre de Pentecostés". Representa al hombre y la mujer del tercer día: el hombre y la mujer de Pentecostés.

Y no me estoy refiriendo a una etiqueta de denominación o de grupo. Me estoy refiriendo a la experiencia del aposento alto; del gran derramamiento del Espíritu Santo con lenguas de fuego que se posaron sobre ellos. Dios está a punto de asentarse sobre todos y cada uno de nosotros en el tercer día. Y cuando Dios se asiente sobre nosotros, amigo, nos aplastará. Cuando Dios se asiente sobre nosotros, sucederá lo opuesto de lo que le sucedió a Jacob.

Jacob luchó con Dios, y no lo dejó ir hasta que Dios lo bendijo. Pero en el tercer día, es Dios el que pelea con usted, y no lo dejará ir hasta poderlo bendecir.

✱ **Dios no lo va a dejar ir hasta que lo haya ungido.**
✱ **Dios no lo va a dejar ir hasta que lo haya levantado.**
✱ **Dios no lo va a dejar ir hasta que lo haya elevado.**
✱ **Dios no lo va a dejar ir hasta que lo haya llevado al lugar de la plenitud de la gloria, la victoria y el poder.**

87

Me imagino lo que habría sucedido aquel día en el aposento alto, si la CNN le hubiera hecho una entrevista a Pedro. Lo habrían llamado aparte inmediatamente después de aquel primer mensaje en el que fueron salvas tres mil almas. Después le habrían hecho unas cuantas preguntas. "Espere un minuto, señor. Permítanos entrevistarlo por unos instantes. ¿No es usted el mismo que caminó sobre el agua? "

Y Pedro les habría respondido: "Ya no tengo necesidad de caminar sobre el agua, porque ahora tengo un agua viva que corre por todo mi ser ".

Entonces le habrían preguntado: "¿Acaso no es usted el que levantó la espada y le cortó una oreja al soldado para proteger a su maestro?

Pedro habría respondido: "Ya no necesito levantar esa espada para cortarle una oreja al enemigo, porque tengo una espada más grande para cortarle la cabeza al diablo".

"¿Qué quiere decir, señor?" le preguntarían sorprendidos.

Y con osadía, el Pedro de Pentecostés habría respondido: "Tengo la espada del Espíritu, la Palabra del Dios todopoderoso. ¿Para qué cortar una oreja, cuando puedo eliminar la cabeza entera del enemigo? Eso lo hice entonces, pero ahora las cosas son distintas".

El periodista habría preguntado después: "¿Y no es usted el que lo negó tres veces antes de que cantara el gallo?"

Entonces Pedro diría: "Sí; yo mismo fui. Pero eso fue entonces; ahora las cosas son distintas. Cuando cantó el gallo; cuando lanzó su último canto, ya yo había negado a Cristo tres veces. pero cuando el Cordero pronunció su último sonido, yo ya había sido redimido. Más fuertes que el canto del gallo fueron el grito y el susurro del Cordero de la Gloria. "Ese cordero hizo por mí más que cuanto pueda hacer jamás un gallo. Cuando el gallo cantó, yo estaba acabado. Pero en el mismo momento en que el Cordero habló, comencé de nuevo."

Ése es el poder del principio de tres a tres mil. **Su momento ha llegado, mi amigo.** Ha llegado el momento de que usted proclame este principio como suyo. Es el momento para que usted sea levantado. **Es el momento de ponerse de pie para decir: "Quiero mi principio". Es hora de que reciba su bendición.**

✳ **Por cada día que le pareció estar pasando por el infierno, habrá mil en los que se sentirá caminando por el cielo.**

✳ **Por cada día de tristeza, se le darán mil de celebración.**

✳ **Por cada día de soledad, se le entregarán mil en que estará rodeado por sus seres amados.**

¡Gloria a Dios! Ha llegado tu hora, Pedro, Simón hijo de Jonás. Ha llegado la hora de que te levantes. Es hora de que te pongas en pie y proclames que éste es tu día. Este principio del Tercer Día es tuyo. No eres un hombre o una mujer cualquiera; eres un hombre o una mujer de Pentecostés.

✳ **Eres más rápido que un demonio a toda velocidad.**

✳ **Eres más poderoso que un demonio mentiroso.**

✳ **Eres capaz de pasarle por encima al pecado de un solo salto.**

✳ **No eres ave, a pesar de que tienes alas de águila.**

✳ **No eres un avión, aunque vayas de gloria en gloria.**

89

Nuestro mundo de hoy ansía tener héroes. Nuestra sociedad está totalmente rodeada y controlada por las imágenes de los medios de comunicación en las que se describe lo que ellos creen que es un héroe. Tenemos atletas que han sido convertidos en héroes del deporte. Tenemos héroes sacados del mundo de la política. Hollywood crea héroes. Los medios de comunicación crean héroes para todos los contextos.

Pero quiero hablarle acerca de los verdaderos héroes. Los hombres y mujeres del tercer día son esos héroes verdaderos. Son más grandes que ningún Supermán o Batman; más grandes que todos los demás héroes. Son personas redimidas por la sangre del Cordero que, gracias a la preciosa sangre de Jesucristo, resisten a diario los violentos ataques de diablos, legiones, demonios, principados y pecados. Éstos son los héroes del tercer día. No tienen de qué avergonzarse. Predican el Evangelio de Jesucristo y se atreven a alcanzar a quienes nunca antes han sido alcanzados. Se atreven a extenderse; a adorar, donde no hay adoración; a gritar un aleluya cuando se les ha dicho que se callen. Estos héroes se levantan con una unción incomparable. Son el hombre y la mujer de Pentecostés.

Pedro fue el primer Hombre de Pentecostés. Se levantó y cosechó de tres a tres mil. Podríamos decir: ¿Por qué aquel que había negado a Cristo? ¿Por qué él?

* **Si sube su alabanza, desciende la presencia de Él.**

* **Si sube su adoración, desciende la gloria de Él.**
* **Si sube su oración, desciende la unción de Él.**

Cuando Moisés levantaba los brazos, descendía la victoria. El salmista comprendía esta verdad:

Alzaré mis ojos a los montes; ¿de dónde vendrá mi socorro? Mi socorro viene de Jehová, que hizo los cielos y la tierra. —SALMO 121:1-2

Lo que sube, debe bajar. Este principio no es de Isaac Newton, sino de la Palabra de Dios.

> *Alzad, oh puertas, vuestras cabezas, y alzaos vosotras, puertas eternas, y entrará el Rey de gloria.* —SALMO 24:7

Alce la cabeza, y entrará el Rey de la gloria. ¿Quién es este Rey de la gloria? Jehová Dios, fuerte y poderoso. Él es el Rey de la gloria.

EL PRINCIPIO DEL LIDERAZGO

El segundo principio del Tercer Día es el principio de Juan el Bautista como modelo de líder. Ese principio explica que, aunque los cristianos hemos hecho muchas cosas grandiosas en el primer día y en el segundo, en muchas otras hemos fallado. En el segundo día, junto con el gran aumento, la recepción de poder y el crecimiento, se produjeron gran angustia, ansiedad, confusión y desánimo. Esto sucedió porque no estábamos enraizados con principios solidificantes, como el principio de Juan el Bautista como modelo de líder.

LA REALIDAD ES QUE ESTÁBAMOS CONSTRUYENDO REINOS PARA NOSOTROS MISMOS, EN LUGAR DE EDIFICAR EL REINO DE DIOS.

Permítame explicarlo. Durante demasiado tiempo, hemos edificado nuestros propios imperios y nuestros propios mundos.

91

* **Muchos han utilizado el Evangelio para su propio beneficio.**
* **Muchos han utilizado su carisma para su propio beneficio.**

✳ **Muchos han utilizado la unción y la han explotado en busca de beneficios y ganancias personales.**

Lamentablemente, los que han hecho esto —y lo siguen haciendo— han manchado y deshonrado el Evangelio de Cristo, que estamos predicando en esta hora.

Competíamos unos con otros. El cuerpo de Cristo compite a diario; cada hora, como si la Iglesia fuera una muestra microcósmica o una extensión de una sociedad capitalista en un mundo capitalista. El capitalismo podrá ser el mejor de los sistemas económicos que hay hoy en el mundo, pero no es el fundamento de la doctrina bíblica. No debemos competer unos con otros: iglesias compitiendo entre sí, ministerios contra ministerios, hombres y mujeres de Dios contra otros hombres y mujeres de Dios, adorador contra adorador.

Este espíritu del primer día y del segundo —más bien un espíritu del segundo día; más bien un espíritu resaltado, motivado e inducido por los medios masivos y por los grandes sistemas de comunicación—es nefasto para la Iglesia. Este espíritu de competencia ha sido un cáncer destructor en el cuerpo de Cristo. No hay la menor duda de que necesitamos sacar del cuerpo de Cristo ese cáncer en este tercer día. Necesitamos examinar los procedimientos quirúrgicos que utilicemos. El principio de Juan el Bautista como modelo de líder explica, ejercita y ejecuta las mismas verdades que nos van a capacitar para crear iglesias, ministerios, organizaciones cristianas y, por encima de todo, relaciones exitosas.

✳ **La iglesia del Tercer Día no es cuestión de programas.**

* **La iglesia del Tercer Día no es cuestión de ministerios.**
* **La iglesia del Tercer Día no es cuestión de organizaciones.**
* **La iglesia del Tercer Día no es cuestión del monopolio de la atención por un hombre o una mujer.**
* **La iglesia del Tercer Día no es cuestión del nombre que llevemos.**

¡La iglesia del Tercer Día es cuestión del nombre que está sobre todo nombre: el nombre de Jesucristo!

La iglesia del Tercer Día no es una cuestión de religión, sino de relaciones. La iglesia del Tercer Día se basa en las relaciones, la aceptación mutua, la camaradería, la comunión, la transparencia y la integridad. **La iglesia del Tercer Día es una iglesia llena de relaciones. Relación con Dios, relaciones mutuas. Es una iglesia que edifica relaciones con personas, con comunidades, con vecindarios, con esferas y con zonas. Ésa es la iglesia del Tercer Día.** ¿De qué manera se mide el verdadero éxito en el cristianismo?

El verdadero éxito no depende de las cosas que uno hace en un momento, sino de las relaciones que uno crea y el legado que deja tras sí.

Al hablar de legado, no me refiero a la complacencia con nosotros mismos, o a la glorificación de nuestro propio ministerio y de nuestras acciones. Nuestro legado son los que dejemos tras nosotros para que lleven las cosas más lejos, más profundo y más alto, de gloria en gloria. El que mejor habló de esto fue Juan el Bautista.

93

Yo a la verdad os bautizo en agua para arrepentimiento; pero el que viene tras mí, cuyo calzado yo no soy digno de llevar, es más poderoso que yo; él os bautizará en Espíritu Santo y fuego.—MATEO 3:11

Juan el Bautista señaló hacia Jesús, y Jesús señaló hacia nosotros.

De cierto, de cierto os digo: El que en mí cree, las obras que yo hago, él las hará también; y aun mayores hará, porque yo voy al Padre.—JUAN 14:12

¡Qué enseñanza, verdad y revelación tan poderosa! Si todos estuviéramos dispuestos a aplicar este principio a nuestra vida, todos volveríamos al revés nuestra vida para poder volver al revés al mundo entero. Si le preguntáramos al Espíritu Santo: "¿Qué ocupa el primer lugar en tus prioridades en estos momentos?", ¿sería la recogida de una gran cosecha? ¿Sería la extensión de más ministerios? ¿Cuál es la prioridad que ocupa el primer lugar en el corazón de Dios durante este tercer día?

YO CREO QUE LA GRAN PRIORIDAD DEL ESPÍRITU SANTO EN EL TERCER DÍA ES PREPARAR A LA IGLESIA PARA SU VENIDA.

94

Amigo, en este tercer día, aunque la cosecha de almas, la cosecha de las multitudes, esté en el corazón e Dios, yo no creo que sea la gran prioridad del Espíritu Santo en esta hora.

En el tercer día, ocupa el lugar de prioridad para el Espíritu Santo la preparación de la novia para el regreso del novio. Prepararnos a nosotros para el banquete de bodas del segundo capítulo de Juan.

Al tercer día se hicieron unas bodas en Caná de Galilea; y estaba allí la madre de Jesús. —JUAN 2:1

Dios nos está preparando para esas bodas. Por consiguiente, tenemos que cambiar.

* **Nuestros puntos de vista deben cambiar.**
* **Nuestros conceptos deben cambiar.**
* **Nuestras ideas deben cambiar.**
* **Nuestras relaciones formativas deben cambiar.**
* **Nuestras estructuras deben cambiar.**

La razón por la que fracasan tantas denominaciones es porque han estado protegiendo dogmas y principios ajenos a los que se encuentran en la Palabra. Han considerado que los reglamentos y los procedimientos son más grandes que las personas. Necesitamos valorar a la gente. Necesitamos valorar a cada persona. Dios usa a la gente: a sus hombres y mujeres. **Dios usa a los hombres y mujeres sencillos.** Si aprendemos a valorarnos... a amonestarnos... a reconocernos... a agradecernos... a levantarnos... a utilizarnos... a ayudarnos... a asistirnos y servirnos unos a otros... **revolucionaremos la Iglesia y el cuerpo de Jesucristo.** En el tercer día, no quiero ver mi nombre escrito en carteles lumínicos. Llegará un momento en este tercer día, en que las cosas van a ser muy diferentes a como han sido en cualquier otro día. En el tercer día va a existir una poderosa realidad, y muchos de nosotros seremos levantados por esta unción.

95

Nos dará vida después de dos días; en el tercer día nos resucitará, y viviremos delante de él. —OSEAS 6:2

Seremos levantados. Alcanzaremos a las multitudes de todo el mundo.

Van a existir dos tipos distintos de ejércitos.

* **Un ejército que va a funcionar como reanimadores y resucitadores, que van a ir a las iglesias y a los escenarios cristianos, dentro del cuerpo de Cristo, para avivar, levantar y provocar a todos a vivir ante la santa presencia de Dios.**
* **Un ejército que saldrá a las calles y al mundo para alcanzar a los que no son salvos; para llegar hasta los perdidos y los caídos de la gracia, y traerlos a los pies de Jesucristo.**

Cuando esto suceda, nuestros nombres ya no van a importar. Ya no vamos a tener el afán de ver nuestro nombre en letreros lumínicos. Ya no van a ser unos ministerios multitudinarios y pioneros a nivel mundial los que nos van a levantar, sino que va a ser Dios mismo quien nos levantará. Oro para que llegue el día en que los hombres y mujeres del tercer día, como usted y como yo, funcionemos de manera diferente a como han funcionado los del segundo día. Ya no crearemos imperios alrededor de personalidades, carisma personal e interpretaciones individuales. Iremos a las naciones y a los barrios. Que llegue el día en que prediquemos en ciudades, estadios y arenas… el día en que alcancemos a cien mil personas con grandes milagros nunca antes vistos… con una unción nunca antes experimentada. Y, al final del camino, Jesús será todo lo que tendremos. Y todo lo que haremos será glorificar a Jesús…

96

* **No con retórica ni psicología, tratando de convencernos a nosotros mismos de que eso es lo que estamos haciendo.**

> ✳ **No con unas articuladas expresiones que le den toda la gloria y la honra a Dios, cuando en realidad nos estamos glorificando y haciendo resaltar a nosotros mismos, y poniéndonos sobre los altares.**

TODO LO QUE HACEMOS ES CONSTRUIR LA PLATAFORMA, PONERLO A ÉL EN ALTO, Y DESPUÉS QUITARNOS DEL CAMINO PARA DEJARLO SER DIOS.

En lugar de esto, estaremos de todo corazón escondidos bajo la sombra de sus alas mientras su luz y su gloria lo alcanzan todo, lo cubren todo y resplandecen sobre todo.

Amigo, el apóstol Pablo era fabricante de tiendas de campaña. En el tercer día somos fabricantes de púlpitos y plataformas. Hacemos plataformas y púlpitos. Pero, ¿para quién? No para nosotros mismos. Los hacemos para Jesús.

Nosotros tenemos que ser diferentes. Muchas de las grandes caídas espirituales que experimentamos en el segundo día se produjeron porque permitimos que la creación de nuestros propios imperios y reinos dominara dentro del cuerpo de Cristo. Esta forma de actuar no nos distingue de los políticos, o los actores y las actrices, o las estrellas del cine, o los que viven afanados buscando los homenajes.

97

- ✳ Tanto si lo aplauden, como si no...
- ✳ Tanto si lo reconocen, como si no...
- ✳ Tanto si su nombre aparece en los letreros lumínicos, como si no...
- ✳ Tanto si ponen su fotografía en la cubierta de las revistas, como si no...

* **Tanto si lo invitan a los grandes aconte- cimientos, como si no...**

Lo que importa es que usted tiene una unción y un lla- mado para ejecutar la Palabra del Dios todopoderoso. Porque usted es de los del tercer día.

Como pastor del tercer día, si Dios me llama a salir de mi iglesia, mi primer objetivo debe ser dejar detrás alguien que sea mayor que yo. Como supervisor de jóvenes que he sido durante diez años para más de trescientas iglesias, encar- gado de supervisar a miles de jóvenes cristianos en el nordeste de los Estados Unidos de Norteamérica, mi objetivo principal a la hora de partir fue dejar detrás a alguien que hiciera cosas mayores para el reino de Dios. Esa persona no podía ser igual a mí. Esa persona tenía que ser mayor que yo. Si hubiera sido igual que yo, entonces yo habría fallado.

> LA VERDADERA MEDIDA DE SU ÉXITO ESTARÁ DETERMINADA POR AQUELLOS QUE DEJE DETRÁS, SI LOS QUE USTED DEJA TRAS SÍ SON MAYORES QUE USTED, ENTONCES USTED ES REAL- MENTE DE LOS DEL TERCER DÍA.

98

Si los que me siguen son mayores que yo... si los predicadores y maestros a los cuales yo les predico y enseño se convierten en predicadores y maestros mejores que yo...**Si mi congregación es más grande... si mis hijos son mayores que su papá... si tienen logros mayores para la gloria de Dios... si llegan más lejos... si siguen hasta el siguiente nivel...Si entran a una profundidad mayor en el río del avivamiento... entonces yo habré hecho una labor excelente para Cristo y por medio de Cristo.**

✳ **En el primer y segundo día, éramos más grandes que nuestros estudiantes.**

✳ **En cambio, en el tercer día, nuestros estudi-antes van a ser mayores que nosotros.**

Necesitamos seguir el modelo de liderazgo de Juan el Bautista. El que me sigue debe ser mayor que yo. Cuando seguimos ese modelo, entonces comprendemos que no podemos edificarnos a nosotros mismos. Éste es uno de los princi-pios básicos para el adorador del Tercer Día. Usted y yo somos siervos maestros, y nues-tra labor consiste en servir, edificar, enriquecer, mejorar y potenciar a los que nos rodean. Nuestra labor consiste en ser Jesús para quienes están a nuestro alrededor.

> EN EL TERCER DÍA NO VAMOS A TRABAJAR SOLOS; VAMOS A TRABAJAR DE DOS EN DOS.

✳ **Nuestra labor no consiste en construir minis-terios.**

✳ **Nuestra labor no consiste en edificar organi-zaciones.**

✳ **Nuestra labor no consiste en levantar iglesias.**

✳ **Nuestra labor no consiste en formar denomi-naciones.**

Jesús edificó unas relaciones con doce hombres y como consecuencia, nosotros estamos aquí hoy. En el tercer día, edificaremos relaciones.

99

EL PRINCIPIO DEL DOS EN DOS

Otro poderoso principio, el principio número tres, es el principio del dos en dos.

Después de estas cosas, designó el Señor
también a otros setenta, a quienes envió de
dos en dos delante de él a toda ciudad y
lugar adonde él había de ir.—Lucas 10:1

La Biblia nos dice que Jesús envió a sus discípulos de dos en dos. ¿Por qué no salimos nosotros de dos en dos? Hay dos palabras clave para distinguir la agilidad en las organizaciones del siglo XXI, que son *asociación* y *red*. A veces se usan en exceso estas palabras en el mercado común y corriente y en los sistemas de acceso a la información tecnológica o en las organizaciones dinámicas que están produciendo una transformación en el mundo de las corporaciones.

NUESTRA LABOR CONSISTE EN EDIFICAR RELACIONES.

Debemos asociarnos dentro del cuerpo de Cristo. Debemos unirnos en el cuerpo de Cristo. No es cuestión de hacer concesiones en cuanto a nuestras convicciones. No podemos hacerlas. Pero sí debemos formar una red y asociarnos con otros creyentes que creen en Jesucristo, en el poder de la cruz del Calvario y en la tumba vacía. Todo lo debemos hacer de dos en dos.

✳ **Esto va más allá de reunirse para orar juntos.**
✳ **Esto va más allá de comprometerse a rendirles cuentas a otros.**

100 Los compañeros de oración y aquéllos con quienes nos comprometemos a rendirles cuentas sobre nuestra vida son relevantes, son algo práctico y aplicable. Pero las cosas van más allá. En Staten Island, Nueva York, donde pastoreo, necesitábamos comprar furgonetas debido al increíble crecimiento que Dios nos ha permitido experimentar. La iglesia que fundamos con unas noventa y dos personas ha crecido hasta cerca de mil quinientos adoradores en cuestión de dos años. Los recursos eran esca-

sos y limitados. Sin embargo, necesitábamos más furgonetas para recoger por toda la ciudad a los que querían venir a experimentar las maravillas del mover y la unción de Dios.

Pero el Señor me dijo que primero tenía que comprar un vehículo para otro ministerio cercano, que necesitaba de medios de transporte tanto

NO ESTAMOS LEVANTANDO NUESTRA IGLESIA. ESTAMOS EDIFICANDO SU IGLESIA, SU REINO, SU CUERPO.

como nosotros. Así que hicimos la compra para ellos. Dimos para poder adquirir una furgoneta para nuestro propio ministerio. Tal vez usted diga que esto es una tontería. No, amigo mío; es que comprendemos el principio de que no estamos edificando nuestro propio imperio.

Tenemos que ir más allá de los cultos, reuniones y asambleas anuales de toda la comunidad. Tenemos que unirnos y reunirnos para orar, adorar, interceder y convertirnos en una red, a fin de ser avivados, de ser levantados y de vivir en su presencia. Debemos salir de dos en dos. Dios nos dio ese principio, y lo debemos seguir.

✳ **Moisés tuvo a Aarón.**
✳ **Elías tuvo a Eliseo.**
✳ **David tuvo a Jonatán.**
✳ **Jesús tuvo a Juan.**
✳ **Pablo tuvo a Timoteo.**

Nosotros tenemos al Espíritu Santo. Pero necesitamos asociarnos con alguien más en el ministerio. Pastor, lo exhorto a asociarse con otro pastor. Adoradora, mujer de Dios, la exhorto a asociarse con otra mujer de Dios y entrar en acuerdo con ella.

Otra vez os digo, que si dos de vosotros
se pusieren de acuerdo en la tierra acerca

de cualquiera cosa que pidieren, les será hecho por mi Padre que está en los cielos. Porque donde están dos o tres congregados en mi nombre, allí estoy yo en medio de ellos.—Mateo 18:19-20

EL PRINCIPIO DE VIVIR PARA ÉL VERSUS MORIR POR ÉL

Otro poderoso principio es el de vivir para Él versus morir por Él. En el segundo día, alabamos a Dios por todos los que estuvieron dispuestos a morir por Él. En el primer día y en el segundo, fueron muchos los que murieron por la causa de Cristo. Ese espíritu y esa unción de mártir son legítimos en la presencia de Dios.

DIOS YA NO LE ESTÁ PREGUNTANDO SI ESTÁ DISPUESTO A MORIR POR ÉL, LO QUE LE ESTÁ PIDIENDO ES QUE ESTÉ DISPUESTO A VIVIR PARA ÉL.

Porque para mí el vivir es Cristo, y el morir es ganancia.—Filipenses 1:21

Pues si vivimos, para el Señor vivimos; y si morimos, para el Señor morimos. Así pues, sea que vivamos, o que muramos, del Señor somos.—Romanos 14:8

102

Yo creo en esas verdades. Sin embargo, hay una diferencia entre morir por Cristo y vivir para Cristo.

* **En el segundo día estábamos dispuestos a morir por Él.**
* **En cambio, en el tercer día debemos estar dispuestos a vivir para Él.**

En el tercer día, vivir es mucho más difícil que morir.

En el tercer día, la muerte es la salida fácil. Es la vía de escape de la desesperación, la ansiedad, el temor, la confusión, la ambigüedad, la desesperanza, la angustia y el dolor: la sensación de la vida. Pero los que siguen viviendo son los valientes. En realidad, los que siguen viviendo son los que están muriendo. Porque aquéllos que siguen viviendo se están negando a sí mismos a diario. En el tercer día, la pregunta no es si usted está dispuesto a *morir* por Jesús. La pregunta es si está dispuesto a *vivir* para Jesús.

* **El adorador del Tercer Día vive para Jesucristo.**
* **El adorador del Tercer Día muere a sí mismo por Jesucristo.**
* **El adorador del Tercer Día existe para Jesucristo.**

Una vez más, la pregunta no es si usted está dispuesto a morir por Él. La pregunta es si está dispuesto a vivir para Él.

EL PRINCIPIO DEL SUDOR Y LA UNCIÓN

Amigo, escuche esta revelación.

Cuando nos hallamos en la mayor de las tensiones, producimos la unción más grande. Cuando somos más probados, pasamos por tensiones mayores y nos enfrentamos a retos más grandes, es cuando producimos más unción. La unción mayor procede de la presión mayor, de la confrontación mayor, de la tribulación mayor y de la circunstancia más grave. La razón por la que usted está pasando lo que está pasando en estos momentos no es que el diablo lo quiera destruir. Mucho más importante que eso es que Dios quiere producir en usted una unción mayor. En el tercer día, el movimiento de las circunstancias y los retos en nuestra vida no es una indicación de lo que el diablo está haciendo en contra nuestra, sino de lo que Dios está haciendo por nosotros y a través de nosotros. No estamos obsesionados con las actividades de Satanás en nuestra vida, sino con la obra de Dios en ella. Mientras más sudemos, mayor será la unción.

El principio del sudor y la unción fue evidente en la vida del apóstol Pablo. Mientras les ministraba a miles de personas al ir por el mundo en sus viajes misioneros, su vida iba derramando una gran unción, aun en medio de las inmensas confrontaciones y los grandes retos con los que se enfrentaba. Hubo un momento en su ministerio en el cual se hizo claramente evidente el principio del sudor y la unción. De su vida se iban desprendiendo grandes milagros, hasta el punto de que los pañuelos que utilizaba para secarse el sudor de la frente eran usados como instrumentos para producir un milagro.

> *Y hacía Dios milagros extraordinarios por mano de Pablo, de tal manera que aun se llevaban a los enfermos los paños o delantales de su cuerpo, y las enfermedades se iban de ellos, y los espíritus malos salían.* —HECHOS 19:11-12

Tal vez Dios no vaya a usar los pañuelos de su gran ejército del Tercer Día para producir una cosecha de milagros. Sin embargo, podemos estar seguros de que va a derramar una gran unción sobre la vida de aquellos hombres y mujeres suyos radicales y obsesionados que estén decididos a volver su mundo al revés para Él.

EL PRINCIPIO DE ALGÚN LUGAR EN EL MEDIO

El tercer principio básico del tercer día es el que yo llamo de Algún lugar en el medio. Jesús siempre ha estado en algún lugar en el medio; nunca a la izquierda, ni a la derecha. Estuvo en medio del pueblo de Israel como nube de día y fuego de noche.

> *Y Jehová iba delante de ellos de día en una columna de nube para guiarlos por el camino, y de noche en una columna de fuego para alumbrarles, a fin de que anduviesen de día y de noche.*—ÉXODO 13:21

Estuvo en medio del horno ardiente con Sadrac, Mesac y Abed-nego.

> *Entonces el rey Nabucodonosor se espantó, y se levantó apresuradamente y dijo a los de su consejo: ¿No echaron a tres varones atados dentro del fuego? Ellos respondieron al rey: Es verdad, oh rey. Y él dijo: He aquí yo veo cuatro varones sueltos, que se pasean en medio del fuego sin sufrir ningún daño; y el aspecto del cuarto es semejante a hijo de los dioses.*—DANIEL 3:24-25

105

* Estuvo en medio de la cueva de los leones con Daniel.
* Estuvo en medio de la rueda con Ezequiel.
* Estuvo en medio de la multitud cuando se abrió paso entre ella la mujer con el

JESÚS SIEMPRE HA ESTADO, Y SIEMPRE ESTARÁ, EN MEDIO DE LAS COSAS.

flujo de sangre y fue a tocar el borde de su manto.
* Estuvo en medio de dos cruces hace dos mil años.

Nunca a la izquierda; nunca a la derecha. Siempre en el medio. ¿Por qué en el medio? Porque en el medio hay equilibrio. Si usted se halla a la izquierda o a la derecha, no está equilibrado. El adorador del Tercer Día es un adorador equilibrado, un creyente equilibrado y un cristiano equilibrado. Todas sus cosas van equilibradas: la Palabra con la adoración, la oración con el ayuno; la santidad con el evangelismo. Todas las cosas tienen un equilibrio para el adorador del Tercer Día. Jesús siempre está…

* En algún lugar entre el ayer y el hoy.
* En algún lugar entre el hoy y el mañana.
* En algún lugar entre el caer y el levantarse.
* En algún lugar entre su silencio y su clamor.
* En algún lugar entre el pecado y la santidad perfecta.
* En algún lugar entre su alabanza y su adoración.

En algún lugar, en medio de un mundo triste y agonizante, hay una iglesia viva y gozosa.

¡En algún lugar en medio de la adicción a las drogas, la prostitución, la homosexualidad, el maltrato, los hogares rotos, el terrorismo, los tiroteos en las escuelas y la violencia de las pandillas, hay un Jesucristo que vive y que reina! En algún lugar en medio de las religiones muertas, de las organizaciones hechas por el hombre, hay un ejército de Guerreros y Adoradores del Tercer Día. **En algún lugar en medio de las guerras urbanas, hay un avivamiento del**

106

Espíritu Santo. En algún lugar en medio de la Nueva Era, los psíquicos, los tableros de ouija y la brujería, se encuentra el incomparable poder que hay en el nombre de Jesucristo. Jesús siempre está en el medio.

En algún lugar, en medio de su infierno, hay un juego de llaves esperándolo. Muchos preguntan por qué sufrimos los cristianos. ¿Por qué sufren los creyentes? Pero cuando comprendemos el principio del medio, entonces sabemos que en medio de nuestros sufrimientos, Jesús está con nosotros. Él no nos prometió que nunca íbamos a sufrir. Lo que dijo fue: "En medio de todo eso, allí voy a estar yo contigo".

USTEDES, LOS QUE NO CREEN EN DIOS, PASAN UN INFIERNO PARA NADA, PERO YO TENGO UNA RAZÓN PARA PASAR POR UN INFIERNO.

> *La paz os dejo, mi paz os doy; yo no os la doy como el mundo la da. No se turbe vuestro corazón, ni tenga miedo.*—Juan 14:27

Escuche, amigo: Tal vez usted esté pasando por un infierno. Hasta es posible que la gente más cercana a usted le pregunte: "¿Por qué está enfermo?" "¿Por qué murió ese miembro de su familia?" "¿Por qué está usted sufriendo?"

Al final de su infierno, ustedes hallan la muerte. En cambio yo, al final de mi infierno, hallo la victoria, y salgo de él con un juego de llaves en las manos.

✳ **Mi enfermedad es mejor que la suya.**
✳ **Mis dolencias son mejores que las suyas.**
✳ **Mis pruebas son mejores que las suyas.**

Y, ¿por qué? Porque Jesús está en medio de mi enfer-

107

medad. Está en medio de mis dolencias. Está en medio de mis pruebas. Jesús está en medio de toda circunstancia, situación y estado. ¿Por qué ha permitido Dios estas cosas en mi vida? Sólo Él lo sabe. Pero en medio de todo ello, hay un milagro.

* **En el segundo día, nosotros esperábamos a los milagros.**
* **En el tercer día, hay milagros que nos están esperando a nosotros.**

Así que, por último, le pregunto. Y se lo pregunto con sinceridad. ¿Está usted esperando en Dios, o es Dios el que está esperándolo a usted? Cuando Jesús resucitó, Pedro y Juan corrieron a decirle al mundo que Él estaba vivo. Pero en el segundo capítulo de los Hechos, la Biblia habla de un viento recio, lo cual significa que el Espíritu Santo se apresuró. *¡El Espíritu Santo corrió para decirle que usted está vivo!*

¿Eres un cristiano del tercer día?

ALZA EL VOLUMEN

Comenzó la búsqueda. *Continuó la búsqueda.* **Se acabó la búsqueda.** ¿Búsqueda de quién? ¿Búsqueda de qué? La búsqueda de adoradores. No cualquier tipo de adoradores, sino aquéllos que lo adoran en espíritu y en verdad… adoradores verdaderos… adoradores del Tercer Día. En el tercer día habrá un nuevo cántico.

> *Cantad a Jehová cántico nuevo, porque ha hecho maravillas.* —*Salmo 98:1*
>
> *Mas la hora viene, y ahora es, cuando los verdaderos adoradores adorarán al Padre en espíritu y en verdad; porque también el Padre tales adoradores busca que le adoren. Dios es Espíritu; y los que le adoran, en espíritu y en verdad es necesario que adoren.* —*Juan 4:23-24*

109

Siempre se ha tratado de la adoración: todas las luchas, los conflictos, las peleas, los ataques, las confrontaciones, las divisiones, las perplejidades, las ansiedades, los temores, las confusiones y la ambigüedad. Siempre han tenido que ver con la adoración. El adorador del Tercer Día va a responder a ese clamor. El adorador del Tercer

Día va a ejemplificar y personalizar la respuesta a la gran búsqueda. En el tercer día, la búsqueda habrá terminado. Dios hallará a los verdaderos adoradores; a los que le adoran en espíritu y en verdad. Para ser un adorador del Tercer Día, tenemos que comprender que todo aquello por lo que estamos pasando —todas nuestras circunstancias y nuestros alrededores… nuestro caminar cristiano y nuestra fe… la gran lucha entre el bien y el mal… entre Satanás y Dios… entre Jesús y el enemigo— siempre ha tenido que ver, tiene y tendrá que ver con una sola cosa.

* **No con las iglesias**
* **No con los ministerios**
* **No con los números**
* **No con la popularidad**

Mayor que toda estas cosas es la lucha por una sola: adoradores.

EL NACIMIENTO DE LA ADORACIÓN

La historia de la adoración comenzó hace mucho tiempo; mucho antes de que la Creación pudiera lanzar y enredar los minúsculos sonidos de la vida. Comenzó …

* **Antes que el primer aliento.**
* **Antes que el primer canto de un ave.**
* **Antes de la caída de la primera hoja.**
* **Antes que rugiera el primer león.**
* **Antes que corriera el primer río.**
* **Antes que llorara el primer niño.**
* **Antes que gimiera el primer adulto en su agonía.**

Antes que nada, existía una poderosa verdad: Dios, en medio de la eternidad, buscando adoradores.

Así que creó a los ángeles, y cuando los creó, apareció el primer destello de adoración. Una sombra de lo que habría de venir. *Santo, santo, santo; santo es el Señor Dios todopoderoso. La tierra está llena de tu gloria. Santo es el Señor.* La adoración llenó los oídos del gran Amo, el gran Padre, el gran Creador, el gran Director de la orquesta más poderosa que se haya escuchado jamás.

Con todo, Dios añoraba más, así que creó los árboles, los ríos y los montes. Cada uno de ellos cantaba un cántico de alabanza exclusivo. A esos sonidos de alabanza, Dios les añadió los sonidos de todos los animales que creó, hasta que se levantó de toda la naturaleza una sinfonía de alabanza. Hasta el día de hoy, la naturaleza alaba y reconoce la existencia misma del Creador soberano del universo.

LA CREACIÓN FUE CREADA PARA ADORAR: NADA MÁS Y NADA MENOS.

Pero Dios anhelaba más; mucho más. Anhelaba unos adoradores que utilizaran su libre albedrío como el violín de su expresión… que miraran… reflejaran… *fueran* la imagen del cántico perfecto y del sonido perfecto. Así que Dios buscó de nuevo y creó al hombre a su imagen. Toda la Creación tiene que ver con la adoración.

Toda la Creación existe para reconocer el ser mismo de Aquél que creó todas las cosas.

Pero después de que todo estuvo hecho, siguió angustiado y deseando una cosa: *un adorador que fuera como Él.* Eso no lo había visto aún. Así que en aquel momento, sucedió algo. En aquel momento fue creado el hombre para que cantara el cántico del Señor, pusiera en alto el nombre de Dios, adorara. El adorador comenzó a adorar. Y resonaba el cántico.

111

LA GUERRA DE LA ADORACIÓN

Ahora bien, tenemos que entender que algo había sucedido

SATANÁS DECLARÓ UNA GUERRA CONTRA UNA SOLA COSA: LA ADORACIÓN VERDADERA.

antes. En medio del primer gran himno de alabanza que se levantó desde los ángeles del cielo, en el momento de la adoración inicial en los lugares celestiales, se produjo una gran guerra. Fue allí donde Lucifer, el ángel de luz... el que

había orquestado y organizado el primer conjunto... el que dirigía la alabanza y la adoración... el gran director de la alabanza y la adoración de los cielos, comenzó a cantar un cántico que Jehová Dios nunca pudo escuchar; un canto que nunca tolerarían los oídos del Amo soberano de la música. Era...

✳ **Un canto de disensión.**
✳ **Un canto de división.**
✳ **Un canto de celos.**
✳ **Un canto de lucha.**

Dios no había escuchado ese canto nunca antes. Cuando se cantó y se presentó su melodía, no hubo más posibilidad que rechazar esta adoración y rechazar a aquel malvado adorador. Así fue rechazado y lanzado a la tierra. Cuando vino, se trajo consigo a aquéllos que adoraban con él y como él. Una parte del gran ministerio de alabanza y adoración de los cielos fue echada fuera, porque cantaba un cántico equivocado.

Cuando Dios creó al hombre a su imagen y semejanza, se sintió complacido con sus nuevos adoradores. Adán lo adoraba. Eva lo adoraba. Pero entonces, volvió a suceder lo mismo. Satanás declaró una guerra.

112

* **No una guerra contra las organizaciones.**
* **No una guerra contra los ministerios.**
* **No una guerra contra las iglesias.**

Y así comenzó la guerra. Satanás compuso un canto acerca de las almas de los hombres, que nunca antes se había escrito. Compuso el canto de la disensión. Compuso el canto de la división. Compuso el canto del aborto y la homosexualidad. Compuso el canto de la perversión, el temor, la lujuria y el suicidio.

* **Satanás escribió el canto del maltrato y el abandono de los niños.**
* **Hasta este día, escribe el canto del suicidio y el maltrato a las mujeres en todo el mundo.**
* **Sobre el banquero de cuarenta y tres años que trabaja en Wall Street, compone un canto de tortura, soledad, inseguridad y complejos.**
* **Sobre aquella joven de quince años, escribe el canto de la promiscuidad sexual.**
* **Sobre el alma de este graduado universitario de veintidós años, escribe el canto del agnosticismo.**
* **Sobre las almas de millones de personas en el Oriente Medio y en todo el mundo, escribe el canto de la religión islámica y las religiones falsas, del budismo y los cantos del ocultismo y la Nueva Era.**
* **Sobre las almas de los cristianos de Estados Unidos, de la América Latina y de todo el mundo, escribe el canto de la religión, la comodidad, los dogmas fabricados por el hombre, las divisiones, las luchas, la anarquía y el caos.**

113

* **Sobre las almas de los hombres, compone, hasta que la humanidad desborda de amargura, odio, disensión, confusión, cólera y maldad.**

Continuamente está componiendo sobre las almas de los seres humanos. Es un canto de adoración: a la muerte, al infierno, a la aniquilación, a la destrucción total; adoración a él mismo. Satanás el enemigo de Dios —y nuestro— descendió a la faz de la tierra y escribió sobre las almas de los hombres.

Dios Padre, rodeado por el grupo de ángeles que cantan Santo, Santo, Santo, se sintió abrumado por el sonido que llegaba desde la humanidad, a la que Él había creado a su imagen para que lo adorara en espíritu y en verdad. ¡Qué reto; qué lucha! Por un oído le llegaban los sonidos del Santo, Santo, Santo. Por el otro, escuchaba los clamores de la desesperación, la muerte y la destrucción que le llegaban de sus hijos.

* **La melodía del coro era el dolor.**
* **La destrucción era la estrofa.**
* **La nota principal era el pecado.**

Escuchó hasta un momento en que no pudo seguir escuchando.

114 JESÚS, EL COMPOSITOR

El Creador todopoderoso, mientras le rodaban las lágrimas por las mejillas, preguntó quién quería escribir un cántico que toda la creación pudiera cantar. Dios Padre exclamó: "Necesito alguien".

* **Necesito alguien que quiera descender.**
* **Necesito alguien que se quiera levantar.**

"Necesito alguien que quiera escribir un cántico nuevo… un cántico que silencie el canto compuesto por el enemigo… un cántico que aniquile y borre las palabras, la letra escrita sobre las almas de mis adoradores; de los que fueron formados a mi imagen para adorarme en espíritu y en verdad."

Entonces se le acercó Abraham y le dijo: "Yo voy a escribirte un cántico nuevo, Dios mío".

Y Dios le dijo: "Cuéntame: ¿de qué va a hablar tu cántico?"

Y Abraham le dijo: "Te voy a componer el cántico del pacto".

Y Dios le contestó: "Ese cántico no va a ser suficiente, Abraham. Necesito que alguien me escriba un cántico nuevo".

Moisés se acercó y le dijo: "Padre, yo voy a escribir un cántico nuevo".

"Moisés", le preguntó Dios, "¿cómo se llama tu cántico?"

Y Moisés le dijo: "Lo voy a llamar 'La Ley'".

El Padre le respondió: "La Ley no va a ser suficiente para liberar a mis verdaderos adoradores" .

Entonces llegó David, quien le dijo: "Yo voy a escribir tu cántico".

Dios le respondió: "David, tú eres mi rey. Eres mi salmista. Eres mi poeta. Si hay alguien que me pueda escribir un cántico, ése deberías ser tú. Dame el cántico, David."

Entonces David le cantó el cántico de Israel y de Jerusalén, el cántico de la monarquía, el cántico de la realeza, el cántico del reino unificado. Pero aquel cántico no era suficiente, así que Dios le dijo: "David, ese cántico no va a liberar a los adoradores. No va a vencer al canto escrito por el enemigo. Necesito un nuevo cántico."

Mientras tanto, los ángeles seguían proclamando Santo, Santo, Santo. Y mientras ellos cantaban, por encima de sus voces se levantó un sonido; un coro contradictorio. El clamor de la humanidad inundó los lugares celestiales en los oídos de Dios, implorando: "¡Ayúdame, ayúdame, ayúdame, Señor! ¿Por qué me has abandonado? Mis huesos, aplastados y cansados, nunca te van a poder alabar."

Abrumado por el clamor de sus hijos, Dios se levantó. Entonces gritó: "Necesito alguien que me escriba un cántico nuevo".

✳ **¿Quién quiere escribir el cántico?**
✳ **¿Quién quiere componer el cántico?**
✳ **¿Quién va a orquestar el cántico?**
✳ **¿Quién va a cantar el cántico?**

Todos los profetas —Isaías, Jeremías, Ezequiel, Daniel, Oseas, Joel, Amós, Abdías, Jonás, Miqueas, Nahum, Habacuc, Sofonías, Hageo, Zacarías y Malaquías— todos ellos le presentaron sus cánticos al Señor. Pero ninguno de ellos pudo liberar a los adoradores. Ninguno de ellos pudo realizar la tarea.

Durante cuatrocientos años, nadie se atrevió a presentar un cántico ante el trono de Dios. Mientras intensificaba su guerra—la guerra de la adoración—Satanás escribió las estrofas y los coros finales para los cantos de la humanidad. Mientras los componía, el clamor de la humanidad también se intensificaba. Con desesperación, el Señor clamó: "¿Hay alguien que me pueda escribir un nuevo cántico?"

Y entonces sucedió. Tocando al Padre por la espalda, como un niño que tira del borde de la chaqueta de su Padre, había Uno que le dijo: *"¡Padre, yo te voy a escribir un nuevo cántico!" Jesús se levantó y dijo: "Déjame escribirte el nuevo cántico".*

El Padre miró al Hijo y le dijo: "Hijo, ¿sabes lo que eso significa?"

Y el Hijo le contestó: "Sí, Padre. Yo, y sólo yo te puedo escribir el cántico nuevo". Y descendió para comenzar su cántico.

He aquí el hombre que nunca ha sido reconocido en la industria de la música.

* **Nunca ha recibido un premio Grammy.**
* **Nunca han presentado un video suyo en MTV.**
* **Nunca le han publicado ningún cántico o himno.**
* **Nunca ha cantado en Carnegie Hall.**
* **Nunca ha sido reconocido por los grandes músicos, orquestas o sinfonías de nuestros tiempos.**

Y sin embargo, es el mayor compositor en la historia de la humanidad.

Así comenzó Él a escribir el cántico, hace dos mil años. Mientras buscaba, dijo: "Necesito escribir sobre algo". ¿Qué usamos normalmente para escribir? Escribimos sobre papel. El papel viene de la madera. Él levantó dos pedazos de madera con la forma de una cruz.

Entonces dijo: "Necesito un utensilio. Necesito algo con lo cual escribir." Y recogió tres clavos.

117

Por fin, dijo: "Necesito tinta, y no una tinta cualquiera, sino de una clase que nunca se pueda borrar". La sangre de Jesucristo nos lava de todos nuestros pecados. Él se volvió pecado sin haber conocido el pecado.

Porque de tal manera amó Dios al mundo, que ha dado a su Hijo unigénito, para que todo aquel que en él cree, no se pierda, mas tenga vida eterna.—JUAN 3:16

Jesús comenzó a escribir un cántico: el cántico de la liberación, el cántico de la libertad.

✳ **El cántico de la redención**
✳ **El cántico del perdón**
✳ **El cántico de la sanidad**

Y conoceréis la verdad, y la verdad os hará libres.—JUAN 8:32

Así que, si el Hijo os libertare, seréis verdaderamente libres.—JUAN 8:36

Él escribió el cántico de la sanidad aquel día, hace dos mil años.

Mas él herido fue por nuestras rebeliones, molido por nuestros pecados; el castigo de nuestra paz fue sobre él, y por su llaga fuimos nosotros curados.—ISAÍAS 53:5

✳ **Escribió los cánticos de los milagros.**
✳ **Escribió los cánticos del destino.**
✳ **Escribió los cánticos del gozo total.**

118

NI USTED NI YO PODREMOS DECIR JAMÁS: "DIOS, TÚ NO SABES LO QUE ES QUE LO ABANDONEN O LO DEJEN SOLO A UNO".

Jesús, el compositor, escribió el cántico en aquel día. Hace dos mil años, usando la frecuencia de nuestra fe, el tiempo de nuestro templo, el repiqueteo de nuestro tambor y el ritmo de la Resurrección, el Poeta de Pentecostés escribió el cántico.

Y mientras escribía, línea tras línea,

fue componiendo un cántico que reemplazaba al canto escrito sobre las almas de los seres humanos por el otro; el otro que era el anatema para la adoración genuina. Escribió el cántico, gritando las palabras una a una. Escribió la línea de la soledad, tal vez la más poderosa de todas. Esa línea dice: "Yo sé lo que es estar solo".

Aquel día de hace dos mil años, el gran Compositor escribió el cántico de la soledad y el abandono. Ésta fue su pregunta: "Padre, ¿por qué me has abandonado?" Este Maestro de la composición musical escribió esta línea en un momento en el cual descendió sobre Él una soledad completa y total.

El Maestro de la adoración, con su nuevo cántico, nos lanzó hacia una garantía de que nunca tendríamos que estar solos. Él fue abandonado, para que usted y yo fuéramos llevados… nunca dejados… una línea tras otra y tras otra. Escribió el cántico hasta su última línea. A medida que brotaba la sangre de aquella cruz de madera, se iba llevando los cantos del enemigo.

> *Entonces Jesús, clamando a gran voz,*
> *dijo: Padre, en tus manos encomiendo*
> *mi espíritu. Y habiendo dicho esto,*
> *expiró.*—Lucas 23:46

Escribió: "Todo está consumado. En tus manos entrego mi espíritu."

> *¡En la cruz, en la cruz, do primero vi la luz*
> *Y las manchas de mi alma yo lavé,*
> *Fue allí por fe do vi a Jesús,*
> *Y siempre feliz con Él seré!*

EL SONIDO MAYOR QUE EL RUIDO

Hace dos mil años, un viernes a las tres de la tarde, la música murió por dos días. No se oyó nada. La creación no cantaba. La naturaleza reaccionó ante la crucifixión. Las tinieblas se apoderaron de la faz de la tierra. La tierra tembló con terremotos.

EL COMPOSITOR FUE SILENCIADO, NO POR EL HOMBRE, SINO POR SU INSONDABLE AMOR.

El compositor fue silenciado con una pausa musical que pronto iría en crescendo hasta convertirse en el ejemplo más grande de adoración en la historia de la Creación.

Durante dos días, el único sonido que se escuchaba era el gemido de un Padre que acababa de perder a su Hijo.

Pero al tercer día, algo sucedió. Al tercer día se cumplieron las profecías. Desapareció el espíritu de tristeza, y el Padre se levantó de su trono con las vestiduras de la alabanza, bajó la mirada a la tumba y dijo: "¡Hijo, alza el volumen!"

✽ **Comenzó el coro de la resurrección.**
✽ **Se cantó el cántico de los redimidos.**
✽ **El cántico vivo, el cántico de la salvación, el nuevo cántico, había quedado terminado.**

120 ¡Jesucristo había resucitado de entre los muertos, aleluya!

Se había cantado el cántico de la esperanza eterna y de la salvación eterna. Cundo Él resucitó, el diablo y su sinfonía se acercaron a Jesús, el Compositor resucitado del nuevo cántico. No sólo había escrito aquel glorioso cántico, sino que ahora lo cantaba: "Han sido redimidos; han sido lavados por la sangre del cordero".

Haciendo una mueca ante aquel sonido, el enemigo le preguntó: "¿Qué es eso?"

Y Jesús le contestó: "Ya es hora de entonar un cántico nuevo. Tú has estado cantando tu canto. A lo largo de todas las generaciones, se ha estado escuchando ese canto tuyo. Pero ha llegado la hora de que se oiga mi cántico. Mi cántico es el sonido de la gracia; el sonido del perdón."

✱ **¿Cómo suena la gracia?**
✱ **¿Cómo suena el perdón?**
✱ **¿Cómo suena la redención?**

¡Levántese, adorador del Tercer Día; levántese al sonido de la gracia! ¡Levántese al sonido de la liberación! ¡Levántese al sonido de la santidad! ¡Levántese!

✱ **Necesitamos ir más allá de los ruidos que hicimos en el segundo día.**
✱ **Necesitamos hacer un sonido nuevo en el tercer día.**

EN ESTE TERCER DÍA HABRÁ UN CÁNTICO QUE NO SE HA ECUCHADO NUNCA ANTES.

Cuando los demonios, diablos y principados de los lugares altos oigan este cántico, no van a tener más remedio que rendirse ante el cántico de la gloria. Todo lo creado va a comenzar a cantar este cántico, y los estruendosos sonidos de la alabanza van a invadir el mismo salón el trono de Dios.

121

Haga un sonido que se entienda. Haga un sonido sin ambigüedad ni confusión. Que sea un sonido fuerte. Estoy cansado de los susurros. Estoy cansado de los sonidos.

✱ **El cristiano del segundo día oraba en su lugar secreto, pero el cristiano del Tercer Día ora por las ventanas.**

> ***** **El cristiano del segundo día participaba en la alabanza y la adoración en medio del santuario con los demás creyentes, pero el adorador del Tercer Día alaba y adora en su habitación... en la ducha... y hasta en el automóvil.**

Habrá un cántico nuevo de avivamiento; de levantarse para vivir ante la presencia de Dios.

Sé que hay cristianos que son lo suficientemente radicales para alabar y adorar dondequiera que estén y en todo momento sin vacilación alguna. Alabad a Jehová todos los habitantes de la tierra, y todos los pueblos. Todo lo que respira alabe el nombre de Jehová. **Alabe al Señor. Dígales a sus manos que lo alaben. Dígales a sus pies que lo alaben. Dígales a su espalda, su cabeza, sus oídos, su nariz y sus ojos que lo alaben. Dígale a su alma que lo alabe. Dígale a su espíritu que lo alabe.**

La Biblia dice que Él unge su cabeza con aceite:

> *Unges mi cabeza con aceite; mi copa está rebosando.* —SALMO 23:5

¿Por qué unge Dios su cabeza con aceite? Porque en la cabeza tenemos los ojos, la boca, los oídos y la nariz.

122

* ***** **Tenemos visión.**
* ***** **Tenemos alabanza.**
* ***** **Tenemos adoración.**

Hemos sido creados para alabar al Señor. Somos adoradores, y en la adoración hay poder. La alabanza ejecuta la venganza del Señor sobre el enemigo, mientras que la adoración provoca al Señor a pasión por su pueblo.

En esta hora necesitamos alzar el volumen.

❋ **Alabamos para quitar del medio al diablo.**
❋ **Adoramos para poner a Dios en nuestro camino.**

LOS NUEVOS ADORADORES

Continúa nuestra historia:

Satanás está ante Jesús y le pregunta: "¿Qué vas a hacer ahora?"

Y Jesús le dice: "Tengo un cántico nuevo. Es un cántico que no voy a cantar solo."

"Entonces, trae a tus ángeles", le contesta Satanás. 'Ellos llevan toda una eternidad cantando; yo era uno de ellos."

Y Jesús le replica: "Satanás, te tengo una noticia. No son los ángeles los que van a cantar este cántico."

Sorprendido, Satanás le contesta: "¿De qué estás hablando? Ellos siempre han sido los adoradores."

Pero Jesús le responde: "Ya lo sé, pero ahora he aumentado el coro celestial. Ahora tengo…

- *Un conjunto nuevo.*
- *Una orquesta nueva.*
- *Una sinfonía nueva.*
- *Un grupo nuevo.*
- *Unos adoradores nuevos.*

Satanás le contesta: "Eso no puede ser. ¿De qué estás hablando? Siempre han sido los ángeles. Diles a los ángeles que lo canten."

123

Jesús le dice: "No, no van a ser los ángeles". Entonces señala hacia los nuevos adoradores. Entre ellos hay…

- *Niños redimidos por la preciosa sangre del Cordero.*
- *Jóvenes sellados con el Espíritu Santo.*
- *Adultos llenos de la gloria de Dios.*
- *Ancianos equipados con la armadura de Dios.*

Dios está señalando hacia usted, mi hermano, mi hermana. Lo señala, compañero en la fe, y le dice: "¡Sube el volumen, sube el volumen! Que todas las naciones oigan que Jesucristo es el Señor. Que lo oigan todas las naciones.

* **Jesús salva.**
* **Jesús libera.**
* **Jesús sana.**
* **Jesús bautiza.**

Y viene de nuevo. Jesucristo es el Señor. Así que le indico en esta hora que hay que subir el volumen. Cante el cántico nuevo. La primera estrofa la escribió el Padre; es el cántico de la Creación. La segunda la escribió el Hijo con su sangre: es el cántico de la Redención. Pero entonces llega la tercera estrofa. Esta tercera estrofa se comenzó a escribir hace dos mil años, cuando Jesús dijo: "Yo me voy, pero les voy a enviar al Consolador. Y recibirán poder cuando el Espíritu Santo descienda sobre ustedes." Hace dos mil años, en el aposento alto, el primer coro lleno del Espíritu, un grupo de ciento veinte personas, entonó la tercera estrofa terminada, el cántico escrito por el Espíritu Santo cuando vino a la tierra a quedarse con nosotros.

ES EL CÁNTICO DEL TERCER DÍA, EL CÁNTICO DEL ESPÍRITU, EL CÁNTICO PROFÉTICO DEL SEÑOR.

124

* **El Padre escribió el cántico con sus dedos.**
* **Jesús escribió el cántico con sus manos.**
* **Pero el Espíritu Santo escribió el cántico con fuego.**

Ésa es la razón por la que esta tercera estrofa me hace gritar, saltar, chillar y danzar. Es un cántico de fuego. Es un cántico imposible de discernir. Cuando Él escribió la estrofa, nosotros comenzamos a leerla. Pero la humanidad no la puede leer, ni tampoco la puede leer el diablo. No está escrita en el lenguaje del ser humano, ni en ninguna lengua comprensible. Por supuesto, hay partes que fueron escritas en las lenguas de otras personas procedentes de las naciones, que se habían reunido en Jerusalén aquel día. Pero hoy hay un lenguaje que se está cantando, y que el mundo no puede comprender.

La congregación no lo entenderá… nuestros amigos y vecinos no lo entenderán. Necesitamos cantar este cántico en el Espíritu.

> *¿Qué, pues? Oraré con el espíritu, pero oraré también con el entendimiento; cantaré con el espíritu, pero cantaré también con el entendimiento.*—1 Corintios 14:15

> *La palabra de Cristo more en abundancia en vosotros, enseñándoos y exhortándoos unos a otros en toda sabiduría, cantando con gracia en vuestros corazones al Señor con salmos e himnos y cánticos espirituales.*—Colosenses 3:16

El cántico del adorador del Tercer Día es…

* **El cántico del Espíritu Santo.**
* **El cántico del Señor.**
* **El cántico del poder.**

Ha llegado la hora de que cantemos ese cántico. Ha llegado la hora de que se levanten los verdaderos adoradores.

* **Vamos más allá de la música.**
* **Vamos más allá del ruido.**
* **Vamos más allá del volumen.**

Vamos más allá de la controversia entre la música cristiana contemporánea y los viejos himnos. Necesitamos ir

125

NECESITAMOS CANTAR EN EL ESPÍRITU SANTO Y CANTAR EL CÁNTICO DEL SEÑOR, más allá de estos conflictos y confrontaciones.

Es necesario que llegue a un punto en que comprenda que usted es alabanza. Usted es la gloria ambulante de Dios. Su vida es la que hace el sonido.

Alabamos al Señor por los shofares que señalaban la alabanza en los tiempos bíblicos, y hoy. Alabamos al Señor por la utilización de estos instrumentos en la guerra espiritual. Los reconocemos como símbolos de autoridad bíblica, como el sonido de la alarma en el monte Sión. Pero los verdaderos shofares somos nosotros.

Nosotros somos los cuernos de carnero que han sido arrancados y bañados con sangre y aceite. Josué, Moisés y los profetas tocaron el shofar en días antiguos. Pero es el Espíritu Santo de Dios el que lo está levantando a usted hasta su boca para hacer los sonidos de la alabanza por medio de su vida. Usted es el shofar del tercer día. Yo soy el shofar del tercer día. Nosotros somos el cántico de este día. Regocíjese cuando el Señor le diga que se regocije. En el tercer día, no va a haber forma de detenernos. En el tercer día, nosotros, los adoradores del tercer día, vamos a adorar a Dios en espíritu y en verdad sin vacilaciones, restricciones, limitaciones ni obstáculos.

UN SONIDO CELESTIAL

126 La gracia tiene un sonido. La liberación tiene un sonido. La sanidad tiene un sonido. ¿Cuál es ese sonido?

* **El sonido de la gracia es usted.**
* **El sonido de la liberación es usted.**
* **El sonido de la sanidad es usted.**

Jesucristo pagó el precio para escribir el cántico sobre su vida; para hacer un sonido con su vida. Por tanto, haga un ruido de gozo para el Señor. Nosotros podemos hacer un ruido para el Señor, porque Él va a poder comprender ese ruido. Dios puede distinguir y comprender el ruido. En cambio, no vamos a hacer un ruido para el mundo.

EL ADORADOR DEL TERCER DÍA HACE UN SONIDO PARA EL MUNDO Y UN RUIDO ANTE EL SEÑOR.

El sonido que hagamos deberá estar claro para el mundo. Necesita tener sentido. Necesita ser transparente. Necesita ser discernible. Necesita que el mundo lo pueda comprender. El sonido que proceda de su vida tiene que ser el sonido de la santidad, de la integridad en la Palabra de Dios, de la oración en el Espíritu y con el Espíritu. El cántico del Señor es el cántico profético.

Es el sonido de la mujer que se atreve a levantarse, salir y comprar unos pantalones nuevos en la tienda. Cuando comienza a hacer el dobladillo en los pantalones, su vecina le pregunta: "¿Por qué estás preparando esos pantalones de hombre?"

Y la mujer le contesta: "Son para mi hijo".

Sorprendida, la vecina le dice: "Pero si tu hijo está en la cárcel condenado a cadena perpetua".

Y la mujer le contesta: "Tú lo ves en la cárcel con una sentencia de cadena perpetua y sin conocer al Señor. En cambio, yo lo veo bautizado en agua y recibiendo el bautismo en el Espíritu Santo."

Necesitamos escribir el cántico profético. Necesitamos proclamar las cosas que no son como si fueran.

✻ **La primera estrofa hablaba de la Creación.**
✻ **La segunda estrofa hablaba de la redención.**
✻ **La tercera estrofa habla del poder.**

En el tercer día se cantan las tres estrofas. Pero la tercera

127

es ejemplificada y exaltada a un nivel más alto. La iglesia está cantando esa tercera estrofa —y necesita cantarla— cada vez más a diario. Ese cántico, esa estrofa compuesta por el Espíritu Santo, es una estrofa radical. Nos dice a nosotros —y al mundo— que no sólo somos pecadores salvos por gracia, sino también santos a quienes su Espíritu ha llenado de poder.

LA VOZ PROFÉTICA ELUDIBLE

Nací en 1969 y fui criado en la ciudad de Newark, Nueva Jersey. Éramos una familia muy unida. Mis abuelos eran un elemento vital de la familia. Mi abuelo, ministro procedente de Puerto Rico, tenía once hijos, y cerca de noventa nietos. Con respecto a mí, tenía una costumbre peculiar. Dondequiera que estuviéramos, cada vez que yo lo saludaba, primero decía mi nombre, y después hablaba sobre mí en otras lenguas.

Yo no comprendía esto. Siendo adolescente, llegó el momento en que traté de establecer relaciones, sobre todo con el sexo opuesto. No quería estar en medio de una reunión de personas y que mi abuelo comenzara a hablar en lenguas alto cuando yo lo saludaba. Trataba de evitarlo, pero oía que me llamaba: "Samuel, ven aquí". Entonces yo me le acercaba y le susurraba: "Sí, abuelo, te quiero. Me alegra verte." Estaba tratando de desviarlo de lo que sabía que iba a hacer después.

De repente, le salía un verdadero rugido de la boca, y comenzaba a hablar en otras lenguas.

Aquello me traía perplejo. El que mi abuelo tuviera el Espíritu Santo era la cosa más aterradora del mundo para mí, porque él no se sentía avergonzado de expresarlo. Oraba sobre la gente en lenguas, liberando una palabra profética. Hacía cosas extrañas, y ahora comprendo por qué.

Ahora lo comprendo, porque esas mismas cosas se han desarrollado en mí. Un día, mientras llevaba a la escuela a mi hijo mayor, me detuve a orar sobre él. Comencé a hacer con mis hijos las mismas cosas que mi abuelo hacía conmigo, orando en el Espíritu Santo. Tenía la misma enfermedad contagiosa que mi abuelo. Cantaba la misma estrofa que él cantaba. Era esa tercera estrofa compuesta por el Espíritu, el cántico que estamos cantando ahora, en nuestra generación. **Amigo mío, le digo lo siguiente:** No tenga miedo. **No tenga miedo. NO tenga miedo.**

- ✳ **No tenga miedo a funcionar en el mundo del Espíritu.**
- ✳ **No tenga miedo a funcionar bajo la unción.**
- ✳ **No tenga miedo a funcionar para la gloria de Dios.**
- ✳ **No tenga miedo a ejecutar la palabra del Señor.**
- ✳ **No tenga miedo a moverse en la unción de Dios.**
- ✳ **No tenga miedo a usar los maravillosos dones del Espíritu Santo.**

No tenga miedo. *No tenga miedo.* **No tenga miedo.** En el tercer día, necesitamos alzar el volumen.

- ✳ **La música es diferente.**
- ✳ **Nuestro lenguaje es diferente.**
- ✳ **La sinfonía es diferente.**
- ✳ **La estrofa es diferente.**
- ✳ **La orquesta es diferente.**
- ✳ **El conjunto musical es diferente.**
- ✳ **Los cánticos son diferentes.**

129

Y sin embargo, se trata del sonido de la gracia. La gracia tiene un sonido. Ese sonido de la gracia es usted mismo. Alce el volumen.

¿Eres un cristiano del tercer día?

ALZA EL PELOTÓN DE JESÚS

Fariseo, seguidor, loco: Todos en el cuerpo de Cristo caemos dentro de una de estas tres clasificaciones. Usted es, o un fariseo del primer día, o un seguidor del segundo día, o un loco del Tercer Día.

Los fariseos eran:

* **Los que mantenían en alto la tradición** — Marcos 7:3, 5, 8
* **Los rigoristas de la ley** — Hechos 26:5
* **Los que se preocupaban de los detalles externos** — Lucas 18:11
* **Los amantes de la exhibición** — Mateo 23:5-7
* **Los perseguidores** — Hechos 9:1-2
* **Las víboras** — Mateo 12:24
* **Los ciegos** — Mateo 15:12-14
* **Los hipócritas** — Mateo 23:13-19
* **Las serpientes** — Mateo 23:33
* **Los hijos del diablo** — Juan 8:13, 44

131

Éstos son los fariseos, los separados y distinguidos. En el tercer día existen fariseos. Los fariseos existen en las iglesias, congregaciones y ministerios, en nuestros alrededores y en los ambientes religiosos. Los fariseos existen.

Los fariseos sostienen las tradiciones de los hombres. Son fariseos los que están más preocupados por conservar y mantener el estado de cosas, que por entrar de lleno en el río de la gloria de Dios. Los fariseos se preocupan más por la Ley —los detalles exteriores y la exhibición— que por la gracia y sus indeseables: los quebrantados de corazón y los que no tienen derechos. Hay fariseos en el tercer día.

* **A Dios no le impresiona el historial de nadie.**
* **A Dios no le impresiona el fondo teológico de nadie.**
* **A Dios no le impresiona el ambiente cultural de la sociedad, que eleva a una persona a un nivel más alto que la otra.**

Usted, tal vez no tenga un club de admiradores, pero tiene la sangre de Jesucristo. O es un fariseo del primer día, o un seguidor del segundo día, o un loco del Tercero.

UNO DE LOS TRES: LOS SEGUIDORES

Alguien podrá alegar: "Yo no soy fariseo, pero tal vez sí sea un seguidor". Seguidores son aquéllos que *casi* lo tocan, pero se contentan con estar cerca de Él.

> **NO BASTA CON QUE USTED SIGA A CRISTO, SÓLO PARA ESTAR A SU LADO. EN EL TERCER DÍA, ES NECESARIO QUE USTED ESTÉ DENTRO DE ÉL, Y ÉL ESTÉ DENTRO DE USTED.**

Cuando la mujer que tenía el flujo de sangre halló la oportunidad, se abrió paso a través de una multitud para tocar a Jesús, y una virtud salió de Él. La multitud lo estaba apretando, lo rodeaba, pero no estaba provocando que saliera de Él virtud alguna. Cuando una mujer con una

necesidad lo tocó, eso fue lo que provocó que saliera de
Él virtud.

LLEVAR LA CRUZ

> *Y decía a todos: Si alguno quiere venir en
> pos de mí, niéguese a sí mismo, tome su
> cruz cada día, y sígame.* —Lucas 9:23

La razón por la que siempre estamos dejando caer nuestra cruz, es
que la estamos cargando de una
forma equivocada.

Como tratamos de llevar la cruz en
el exterior, y no en el interior, estamos dejando caer continuamente
nuestra fe, nuestras relaciones y
nuestra unción. Llevar la cruz en el
corazón significa más…

CRISTO NUNCA QUISO QUE NOSOTROS LLEVÁRAMOS NUESTRA CRUZ CARGADA A LA ESPALDA; ÉL PAGÓ EL PRECIO PARA QUE LA PUDIÉRAMOS LLEVAR EN EL CORAZÓN.

* Más que llevar un pez como símbolo de Jesús, o un letrero de Jesús en el parachoques del auto.
* Más que llevar un brazalete o un collar con las letras WWJD ("What Would Jesus Do?", "¿Qué haría Jesús?").
* Más que tener unas cuantas camisetas con le-treros cristianos.
* Más que andar cargando una Biblia bien grande.
* Más que tocar música cristiana contem-poránea en nuestro auto y en el trabajo.

133

Es mucho más que eso. Esas cosas son poderosas como
instrumentos para nuestro testimonio, pero es más importante llevar la cruz en el corazón, que llevarla en el

exterior. Cuando llevamos la cruz por dentro, interiorizamos nuestra relación divina con el Cristo de esa cruz y con la realidad de quién es Él. Llevar la cruz por dentro, en el corazón, y una corona en el exterior, es lo que va a distinguir a los adoradores del Tercer Día de los que pertenecen al primer día y al segundo.

MADERA Y ORO

LO QUE NO PODÍAN HACER CUATRO LEVITAS EN EL PACTO ANTIGUO, UN SOLO HOMBRE LAVADO EN LA SANGRE DE JESÚS LO PUEDE HACER EN EL NUEVO.

El arca del pacto era llevada con varas de madera y oro, de manera que se perpetuara la realidad de que la gloria de Dios era puesta en un lugar concreto y seguida continuamente. El arca era símbolo de la presencia de Dios. Hacían falta cuatro levitas para llevar la gloria. Cuatro levitas que pasaban por los ritos y por las ceremonias; que eran preparados y separados durante toda su vida para cargar el arca del pacto.

En cambio hoy, una sola persona lavada con la sangre de Jesús puede cargar con la plenitud de la gloria de Dios.

Lo que cuatro hombres cargaban en el Pacto Antiguo, lo puede cargar uno solo en el Nuevo.

* **Cargamos algo que es más que la vara de Aarón.**
* **Cargamos algo que es más que el maná.**
* **Cargamos algo que es más que los Diez Mandamientos.**
* **Cargamos algo que es más que todos esos avíos.**
* **Cargamos algo que es más que las ceremonias y los ritos.**

Cargamos la plenitud de la gloria de Dios.

134

✳ **Somos los portadores de la gloria.**
✳ **Somos los levitas del tercer día.**

Por encima de nosotros no tenemos unos querubines que nos cubran la cabeza, sino que tenemos la unción del Espíritu Santo. La tercera Persona de la Trinidad nos escolta personalmente para que vayamos cargando la gloria. Nosotros, los adoradores del Tercer Día, vamos cargando la gloria de Dios. Proclame que usted está cargando algo.

EN EL SEGUNDO DÍA, USTED CARGABA CON SUS PECADOS Y SUS PROBLEMAS, PERO EN EL TERCERO, CARGA CON LA GLORIA DE DIOS.

PARTÍCIPES DE LA NATURALEZA DIVINA

Sí, amigo mío; somos partícipes de su naturaleza divina.

> *Por medio de las cuales nos ha dado preciosas y grandísimas promesas, para que por ellas llegaseis a ser participantes de la naturaleza divina, habiendo huido de la corrupción que hay en el mundo a causa de la concupiscencia.* —2 PEDRO 1:4

No somos espectadores ante su naturaleza divina.

✳ **Tomamos parte en su naturaleza divina...**
✳ **Interactuamos con su naturaleza divina...**
✳ **Participamos de su naturaleza divina...**
✳ **Consumimos su naturaleza divina.**

135

Podemos entrar a los hogares y proclamar que la gloria de Dios está allí. ¡Necesitamos entrar a los vecindarios y las comunidades de toda nuestra nación y proclamar a voces la noticia de que la gloria de Jesucristo ha llegado!

Nuestras expectaciones tienen que cambiar; la forma en que enfocamos las cosas tiene que cambiar. Es necesario que esperemos que suceda algo cuando nosotros saludemos a alguien.

✴ **Esa persona va a ser sanada.**
✴ **Esa persona va a ser liberada.**
✴ **Esa persona va a ser transformada.**
✴ **Esa persona va a ser bautizada en el Espíritu Santo y fuego.**

Es necesario que algo suceda en el tercer día. Debemos esperar que cada vez que entremos en contacto con otro ser humano, suceda algo. Debemos darnos cuenta de que se produce algo sobrenatural.

UN SUCESO DEL TERCER DÍA

Un suceso del tercer día tuvo lugar un día en mi vida, mientras entraba al segundo piso del centro comercial Lehigh Valley en Allentown, Pennsylvania. Iba acompañado por un grupo de pastores y líderes de jóvenes que estaban celebrando una conferencia de jóvenes ese fin de semana en aquel lugar. Mientras nos dirigíamos al McDonald's —esa infame cadena de restaurantes que ofrece unas comidas tan exquisitas y un decorado de tan alta calidad— pasamos junto a dos mujeres jóvenes que estaban vendiendo camisetas en una tienda situada junto al McDonald's. Entramos al McDonald's y compramos. De repente, una de las jóvenes se me acercó y me preguntó: "¿Podría usted salir aquí por un momento? Quisiéramos hablarle."

Una vez fuera, en el pasillo del centro comercial, les pregunté: "¿Qué podemos hacer por ustedes?"

La joven me contestó: "La ayudante del gerente de nuestra

136

tienda no ha podido dejar de llorar desde que los vio pasar hace un momento. Yo no sé quiénes son ustedes, ni cuáles son sus creencias. No sé nada sobre ustedes. Tal vez les parezca esto extraño, pero en el momento en que su grupo pasó junto a ella, los miró. Desde entonces no ha parado de llorar ."

Nosotros nos acercamos de inmediato a la ayudante del gerente y le preguntamos: "¿Podemos hacer algo por usted? ¿Cómo la podemos ayudar?"

Todo lo que ella podía decir era: "¡Es usted; es usted!"

"¿Hicimos algo que la ofendiera?", le pregunté.

"No; no. Todo lo contrario", me dijo. Cuando ustedes pasaron, yo lo miré a los ojos. Enseguida, sucedió algo en mi corazón. Hubo algo que se comenzó a romper. Comencé a oír que resonaba una voz en mi espíritu, dentro de mí; era como una pequeña voz que me decía que tenía que enderezar mi vida." Hizo una pausa y siguió: "Señor, no sé si usted es una persona religiosa o no. No sé ni quién es usted. No tiene el aspecto de ser una persona religiosa. Tal vez piense que esto es absurdo, pero hay algo que sale de su persona que me está haciendo poner en tela de juicio mi relación con Dios. Ni siquiera voy a la iglesia; ni me considero una persona religiosa, pero hay algo que me está haciendo pensar en Dios. Ésta es la primera vez que me sucede algo semejante."

Yo la miré y le dije: "Señora, usted no está pasando por una depresión nerviosa, ni se trata de una experiencia anormal. No es algo que venga de su cerebro; sino que es una obra del Espíritu Santo. El Espíritu de Dios está dentro de mí. Lo que usted está experimentando es el reflejo de Jesucristo en mi vida. El Jesús que llevo dentro se está derramando sobre usted para ministrarle. Usted necesita a Jesús ahora mismo. Lo que está sintiendo es el poder del Espíritu Santo que le está dando convicción.

137

LA GLORIA DE DIOS

DEBEMOS SACAR LA GLORIA DE DIOS DE LA CAJA Y DERRAMARLA SOBRE ESTA GENERACIÓN.

En todo momento, en todas nuestras experiencias del tercer día, la gloria de Dios debe estar visible y activa. Durante demasiado tiempo hemos mantenido las bendiciones dentro de nuestras paredes; durante demasiado tiempo hemos sostenido que el derramamiento de la gloria de Dios era para las iglesias, las convenciones, las reuniones y los ambientes religiosos solamente.

Debemos derramar la gloria sobre nuestras ciudades, nuestros vecindarios y nuestras comunidades, sobre nuestras familias, nuestros amigos y nuestros enemigos. Debemos derramar la gloria. Debemos derramar la presencia y la unción de Dios. Debemos derramarnos por completo cada día. Debemos utilizar toda nuestra unción, antes de que se vuelva rancia.

Todos los días, Dios derrama una unción fresca sobre su vida. Sus bendiciones y su misericordia son nuevas cada mañana. Su unción sobre la vida de usted no es para que la guarde y la almacene en algún lugar; esa unción es para que usted la use. Cada vez que la usa toda, regresa al salón del trono de la gracia, ante el Señor de la gloria. Él le da más unción; una unción fresca.

138

Los adoradores del Tercer Día somos más que los fariseos del primero o los seguidores del segundo: somos los locos del Tercer Día. Los locos por Jesús que se pueden hallar en tantas iglesias en este tercer día. Esos fanáticos que nunca se cansan de alabar, adorar, celebrar y exaltar el nombre de Cristo. Algunas veces, nuestra exigencia de orden, control y estructuras hace que entendamos mal a esta gente. Hubo un tiempo en que esos locos por Jesús se hallaban en el abismo del infierno. Salieron de la tumba cenagosa. Estaban enajenados, confundidos y destruidos. Pero hubo un día en el cual Jesús los hizo libres.

A muchos de los que hemos crecido en las iglesias se nos hace difícil comprender lo que significa ser liberado—liberado por completo—de la esclavitud del invierno. Todo loco de Jesús conoce el poder de Dios que lo libera de las ataduras de este mundo.

Loco de Jesús es alguien que ha sido sacado de la cenagosa tumba del pecado. El loco de Jesús ha sido liberado de la mayor de todas las cadenas. Los locos de Jesús nunca están satisfechos con lo que dicen, con su alabanza, con lo que leen, con lo que estudian y se regocijan para celebrar la libertad que tienen en Cristo Jesús. Los locos del Tercer Día son un grupo formado por cuatro clases de personas que se distinguen entre sí:

* **Los trastornadores**
* **Los rechazados**
* **Los indeseables**
* **Los que no se avergüenzan**

Este mundo tendrá sus brujas, sus hechiceros y sus adictos a las drogas, pero nosotros tenemos algo que es mayor: tenemos a los locos de Jesús. Los que han sido lavados por la sangre, han nacido de nuevo y son llenos del Espíritu, y se sienten orgullosos de ser así. Son los fanáticos de Jesucristo.

139

La primera clase de locos son los Trastornadores.

LOS LOCOS DE JESÚS: LOS TRASTORNADORES

Los incómodos son el primer grupo de locos. Hallamos una mención de ellos en Hechos 17:6:

Pero no hallándolos, trajeron a Jasón
y a algunos hermanos ante las autoridades
de la ciudad, gritando: Estos que trastornan
el mundo entero también han venido acá.
—HECHOS 17:6

¿Ha trastornado usted al diablo hoy? Tal vez haya más de mil demonios tratando de mantenerle las manos bajadas, pero cuando usted las levanta, acaba de incomodar a esos mil demonios. Tal vez mil demonios estén tratando de mantenerle la boca cerrada, pero cuando usted dice un aleluya, esos demonios se enojan. Podemos definir la palabra *trastornar* como "sacar de su posición, dar la vuelta, lanzar al desorden o derrotar inesperadamente". La alabanza saca de su posición al diablo… lo derrota inesperadamente. Cuando yo alabo, el Hades cierra sus puertas. El diablo nunca se irá al infierno, a menos que usted comience a alabar. Levántese a trastornar al mundo. Levántese a trastornar al diablo. Yo voy a…

* Trastornar a la religión.
* Trastornar al diablo con alabanza.
* Trastornar al diablo con un grito.
* Trastornar al diablo con gozo.
* Trastornar al diablo con la victoria.
* Trastornar al diablo con el celo.
* Trastornar al diablo con perseverancia.
* Trastornar al diablo con la Palabra.
* Trastornar al diablo con las promesas de Dios.
* Trastornar al diablo con la unción.

140

Ha llegado su hora de trastornar al diablo.

LOS LOCOS DE JESÚS: LOS RECHAZADOS

Entre los locos de Jesús hay un segundo grupo; el grupo

formado por el mayor número de locos de Jesús. Ese grupo es el de los Rechazados. En él se incluyen…

* **Los leprosos**
* **Los heridos**
* **Los que sufren**
* **Los que no tienen derechos**
* **Los alienados**

Éstos son los Rechazados. Uno no entra en este grupo como consecuencia de un concurso de popularidad; tarde o temprano, todo aquél a quien Dios usa va a sufrir el rechazo. Jesús fue rechazado y condenado. Es posible que el mundo lo rechace a usted. Pero Jesucristo lo ha aceptado.

LOS LOCOS DE JESÚS: LOS INDESEABLES

Los indeseables son los rechazados procedentes de todos los sectores de la sociedad. Como los leprosos de los tiempos bíblicos, los indeseables no tienen nadie que los quiera. Los amigos, la familia, los conocidos; todos los han apartado de sí. Cuando nadie los amaba, Él los amaba. Cuando nadie se preocupaba por ellos, Jesús sí se preocupaba. Por eso lo alabamos; por eso lo adoramos. Si la gente supiera lo que nosotros estábamos pasando; si la gente supiera lo que ya hemos pasado, alabaría como nosotros alabamos.

LOS LOCOS DE JESÚS: LOS QUE NO SE AVERGÜENZAN

Para comprender a los que no se avergüenzan, podemos mirar a Zaqueo.

Habiendo entrado Jesús en Jericó, iba pasando por la ciudad. Y sucedió que un varón llamado Zaqueo, que era jefe de los publicanos, y rico, procuraba ver quién era Jesús; pero no podía a causa de la

141

multitud, pues era pequeño de estatura. Y corriendo delante, subió a un árbol sicómoro para verle; porque había de pasar por allí.

Cuando Jesús llegó a aquel lugar, mirando hacia arriba, le vio, y le dijo: Zaqueo, date prisa, desciende, porque hoy es necesario que pose yo en tu casa (Lucas 19:5). Entonces él descendió aprisa, y le recibió gozoso.

Al ver esto, todos murmuraban, diciendo que había entrado a posar con un hombre pecador. Entonces Zaqueo, puesto en pie, dijo al Señor:

He aquí, Señor, la mitad de mis bienes doy a los pobres; y si en algo he defraudado a alguno, se lo devuelvo cuadruplicado. Jesús le dijo: Hoy ha venido la salvación a esta casa; por cuanto él también es hijo de Abraham. Porque el Hijo del Hombre vino a buscar y a salvar lo que se había perdido.

—Lucas 19:1-10

Zaqueo era bajo de estatura, y necesitó subirse a un árbol para ver a Jesús. La Biblia dice que nosotros también, como Zaqueo, todos somos "bajos de estatura":

Por cuanto todos pecaron, y están destituidos de la gloria de Dios.—Romanos 3:23

En el tercer día, todos los bajos de estatura necesitan un árbol. Todos hemos pecado y estamos destituidos de la gloria de Dios. Hace dos mil años, Dios nos dio un árbol llamado *Calvario* para que nos podamos subir a él u ver su gloria. ¿Hay en esta generación alguien que se suba a los árboles? ¿Se sube usted a los árboles?

142

* **Zaqueo se subió a un árbol y vio a Jesús. Yo me subí a la cruz y tengo a Jesús.**
* **El sicómoro nos consigue una visita; el árbol del Calvario nos consigue que habite Él con nosotros.**

A nosotros, Dios nunca nos va a decir: "Desciende, porque voy a ir a tu casa". Lo que nos dice es: "Desciende, porque te vienes conmigo a mi casa; tengo una mansión esperándote".

Y si me fuere y os preparare lugar, vendré otra vez, y os tomaré a mí mismo, para que donde yo estoy, vosotros también estéis.—JUAN 14:3

SÚBASE AL ÁRBOL

Dios no anda buscando gente alta. Él está buscando gente baja de estatura… de la que ha tratado, pero sin lograr nada. Quiere aquéllos que han extendido el brazo, pero no han llegado… aquéllos que no son perfectos. **No está buscando gigantes, porque Él es el único gigante en la tierra. Está buscando gente dispuesta a subirse al árbol.** No tenemos forma de ver más allá de la carne… no tenemos forma de ver más allá del mundo… no tenemos forma de

SI ZAQUEO SE PUDO SUBIR A UN ÁRBOL Y LOGRAR QUE JESÚS LO VISITARA EN SU CASA, NOSOTROS PODEMOS SUBIRNOS A LA CRUZ Y LOGRAR QUE JESÚS VENGA A VIVIR CON NOSOTROS.

ver más allá de la niebla que se alza en medio de la humanidad, la carnalidad y la inmoralidad. Hay que subirse a la cruz. No tenemos forma de ver más allá de nosotros mismos, a menos que nos subamos a la cruz.

Los locos del Tercer Día no sólo se suben al árbol, sino que escalan la montaña para adueñarse de él.

POSICIÓN, ASCENSO Y SACERDOCIO

Los locos del Tercer Día escalan la montaña para adueñarse del árbol. Los locos del Tercer Día comprenden que necesitan levantarse con los pies del tercer día: los pies de la posición, el ascenso y el sacerdocio. El lugar del diablo no es el cielo, ni la mente, el corazón o la familia de los que son de Dios. El lugar del diablo está bajo sus pies; no los pies de los pecadores, sino los pies de los santos. El diablo necesita saber que hay un remanente fiel que no está dispuesto a inclinarse.

> *Y dijo: No te acerques; quita tu calzado de tus pies, porque el lugar en que tú estás, tierra santa es.* —Éxodo 3:5

Sus pies deben ser santos. Tiene que quitarse las sandalias. Los pies descalzos llevan a una unción al descubierto. Él no quiere tocar sus sandalias; lo quiere tocar a usted. Los pies de los sacerdotes son santos; saque el pecado de sus pies. Sacúdase el polvo; sacúdase su humanidad.

> *Sacúdete del polvo; levántate y siéntate, Jerusalén; suelta las ataduras de tu cuello, cautiva hija de Sión.* —Isaías 52:2

144
La Biblia nos dice que si somos rechazados, nos tenemos que sacudir el polvo y salir de ese lugar (Mateo 10:14). Sacúdase el polvo en el nombre de Jesús. Camine en pos del Espíritu mientras leemos Romanos 8:1:

> *Ahora, pues, ninguna condenación hay para los que están en Cristo Jesús, los que no andan conforme a la carne, sino conforme al Espíritu.* —Romanos 8:1

Necesitamos levantarnos con pies del tercer día. No somos fariseos del primer día, ni seguidores del segundo. Somos locos del Tercer Día.

UNGIDOS PARA APLASTAR

¿Por qué ungió María los pies de Jesús? Lo hizo porque tenían que estar listos para aplastarle la cabeza al diablo. El Cordero de Dios le aplastó la cabeza a la serpiente. Usted está a punto de poder aplastar, porque la unción es la que quebranta el yugo. Póngale el pie encima, y aplástelo, tal como dice Lucas 10:19.

> *He aquí os doy potestad de hollar serpientes y escorpiones, y sobre toda fuerza del enemigo, y nada os dañará.* —Lucas 10:19

Aplaste el yugo de la esclavitud en el nombre de Jesús. Aplaste las circunstancias que lo rodean. Convierta en lagar las circunstancias que tiene alrededor. Aplaste aquellas cosas que le rodean, que es necesario aplastar para que corra el vino de calidad.

Dios nos ha dado dos pies: uno para tomar posesión, y el otro para aplastar. Si los juntamos, podemos danzar y regocijarnos ante el Señor. Aplaste al enemigo a base de danzar ante Dios.

DANCE ANTE DIOS

145

Los cristianos no deberían tener miedo de danzar. No comprendo el concepto del segundo día en cuanto a la danza del cristiano. En Génesis podemos ver al Espíritu moviéndose y danzando sobre la faz de las aguas. El salmista proclamó: "Has cambiado mi lamento en baile; desataste mi cilicio, y me ceñiste de alegría" (Salmo 30:11). El rey David danzó ante el Señor con todas sus fuerzas. María danzó ante el Señor en el Éxodo. Antes de la fiesta de los tabernáculos, el pueblo de Dios danzaba porque Él lo había perdonado.

En una pelea de boxeo por el título que tuvieron recientemente Óscar de la Hoya y Félix Tito Trinidad, se abrió paso hasta mi mente una verdad muy poderosa... Óscar tenía una estrategia muy única. Al final de la pelea, el anunciador del cuadrilátero le preguntó: "¿Por qué cambiaste tu estrategia? ¿Qué había que fuera tan distinto? Todo lo que hiciste fue danzar?" La respuesta de Óscar fue poderosa. Esto es lo que dijo: "Mientra más danzaba yo por todo el cuadrilátero, más frustrado se sentía Tito conmigo. Además, cuando yo ando danzando por todas partes, el enemigo no me puede tocar."

> AMIGO, CUANDO USTED DANZA BAJO LA UNCIÓN DE DIOS... PARA LA GLORIA DE DIOS... PARA ALABAR Y ADORAR A DIOS... EL DIABLO NO LO PUEDE TOCAR.

No deberían ser las discotecas, los clubes y las pistas los que estén llenos de los mejores danzantes. Los mejores danzantes son aquéllos que acuden a regocijarse ante la presencia de Dios. No tenemos necesidad de secularizar nuestro ser o nuestra iglesia, ni de permitir que se metan en ellos las influencias mundanas. La danza no tuvo su origen en el enemigo, sino que se originó en el Reino. Es un instrumento de alabanza y de adoración. Los adoradores del Tercer Día no deben tener miedo de regocijarse y danzar ante el santo de los santos.

146

Si Dios se puede levantar, girar y danzar sobre mí, ¿cuánto más no debería yo levantarme, danzar y regocijarme ante Él por todo lo que ha hecho? ¿Debemos convertir la danza en una especie de fundamento teológico? ¡Por supuesto que no! ¿Debe convertirse la danza en una doctrina? Claro que no: es un método; una forma diferente de alabar y adorar.

EL CHOQUE CULTURAL

Las culturas de todo el mundo celebran las victorias danzando. Debemos tener el cuidado de no crear un cristianismo basado en una cultura determinada. Al hablar de *cultura*, me estoy refiriendo a un grupo étnico, una raza o una denominación determinada. Hay culturas que hacen cosas que, en la nuestra, nosotros las consideraríamos intolerables o inaceptables. Mientras no violen las Escrituras, está dentro de la libertad cultural de cada grupo particular de personas el alabar y adorar al Señor como lo considere oportuno su cultura. No debemos ser fariseos del primer día, dedicados a condenar o criticar, ni tampoco seguidores del segundo día, que van detrás de todo lo que se mueva.

Debemos ser locos del Tercer Día, que abramos el camino a un gran avivamiento… que nos levantemos en alabanza y adoración, en celebración y unción. Pero por encima de todo, lo debemos hacer de acuerdo a la Palabra de Dios y a su santa verdad.

PIES DE TERCER DÍA

Los pies sacerdotales están ungidos para tomar posesión. Hemos estado usando los pies para huir, cuando los habríamos debido usar para tomar posesión.

> *Yo os he entregado, como lo había dicho a Moisés, todo lugar que pisare la planta de vuestro pie.* —JOSUÉ 1:3

147

Ya es hora de que usted tome control de su matrimonio, su hogar y su vecindario. Es hora de que se revista de *Jehová-nissí* y haga ondear el estandarte de Dios.

✳ Es hora de que tome posesión de lugar donde está.

* Es hora de que sea dueño.
* Es hora de un ascenso: usted no es de bronce, sino de oro.
* Es hora de dejar de pagar alquiler y comenzar a ser propietario.
* De dejar de pedir prestado y comenzar a prestar.
* Éste es el momento de pasar de empleado a dueño.
* De trabajador a gerente.
* De seguidor a líder.
* De víctima a vencedor.

Éste es *su momento*, porque usted es uno de los locos de Jesús del Tercer Día.

LIBERADOS EN EL TERCER DÍA

Jonás fue liberado del vientre del gran pez en el tercer día. Que éste sea el día en el cual el cuerpo de Cristo se vuelva intolerable para el mundo.

Jesucristo volverá a buscarnos cuando el mundo nos eche fuera. No tendrá más alternativa que recogernos. Cuando el mundo diga: "No los podemos tener aquí por más tiempo, porque su santidad su integridad son demasiado poderosas… la gloria de Dios es tan fuerte en su vida, que ya no los podemos seguir tolerando}, deje que nos echen fuera. Convirtámonos de nuevo en los rechazados e indeseables.

QUE EL MUNDO SUELTE A LOS ADORADORES DEL TERCER DÍA, PORQUE NO NOS PUEDE SEGUIR TRAGANDO.

148

Jesús no andaba con los que eran aceptados y populares… con los que eran el prototipo

del éxito y la fama. Andaba con los rechazados. Les ministraba a los que no tenían derechos; a los que sufrían. **Caminaba y hablaba y respiraba y predicaba con los indeseables, los rechazados, los alborotadores y los que no sentían vergüenza. Iba al encuentro de los solitarios.** A veces, los adoradores del Tercer Día se van a encontrar solos.

Si usted es un adorador del Tercer Día, es posible que lo rechacen los que pertenecen a su círculo íntimo, además de hacerlo el mundo. Usted ora diferente, alaba diferente y adora diferente. Tal vez crean lo mismo que usted, pero usted lo vive de una manera diferente, porque no sólo lo cree en el corazón, sino que lo cree en la cabeza y en las manos. Lo cree interna y externamente. Lo cree en sus acciones, en su razonamiento, en su intelecto y en su espíritu. Ejecuta y actúa según lo que ha creído. En este sentido, los adoradores del Tercer Día son distintos a los del primero y el segundo. Por esta razón, nos conocen como los locos de Jesús.

QUIERO UNA UNCIÓN QUE HAGA SACUDIRSE Y TEMBLAR A LOS DIABLOS Y DEMONIOS CUANDO ME VEAN, PORQUE LA GLORIA DE DIOS ESTÁ SOBRE MÍ.

Nosotros somos los Trastornadores, los que no sentimos vergüenza, los Indeseables y los Rechazados. El adorador del Tercer Día se debe acostumbrar a la cueva y al huerto de Getsemaní. El adorador del Tercer Día va a permanecer cuando todos los demás se hayan marchado después de un gran derramamiento. Cuando Dios le pregunte: "¿Qué estás haciendo aquí?", usted le contestará: "Esperando más". El adorador del Tercer Día es el primero en llegar y el último en irse. El adorador del Tercer Día quiere más de Él; no de lo que Él tiene para dar, sino de quien Él es.

AVIVAMIENTO POR TODA LA TIERRA

Alabamos a Dios por todos los avivamientos y derramamientos de su Espíritu que se están produciendo en los Estados Unidos y en el mundo entero. Alabamos al Señor por Pensacola y Smithton. Alabamos al Señor por Nueva York y por California y por el estado de Washington. Alabamos al Señor por el avivamiento en Argentina, Brasil, Corea, las Filipinas, Ucrania, el África, la India y la República Checa.

AL DIABLO LO SACUDIMOS CON NUESTRA ALABANZA, Y A DIOS LO CONMOVEMOS CON NUESTRA ADORACIÓN.

Pero lo desafío a que vaya más allá del avivamiento. Los locos de Jesús del Tercer Día deben comprender que el avivamiento sólo es el primer paso. Dios nos quiere levantar después de reavivarnos, para que vivamos ante su presencia.

En el tercer día debemos cambiar el modelo en el cuerpo de Cristo. Vamos a ir más allá del avivamiento. La unción del loco de Jesús del Tercer Día no se limita a tirar al suelo al santo en el poder del Espíritu Santo, sino que tira por el suelo a los diablos y demonios que lo rodean. Yo quiero una unción que vaya más allá de que me caiga al suelo. Quiero una unción que tire al suelo a los demonios y los diablos a mi alrededor. Quiero una unción que vaya más allá de hacer que me den escalofríos, tirones y sacudidas.

Amigo, bajo la unción de Dios, podemos esperar en todo tiempo lo sobrenatural: sin restricciones, sin límites, sin estorbos y para siempre.

150

UNA UNCIÓN POR LA QUE VALE LA PENA MORIR

Con la unción del tercer día, oramos de manera distinta. Oramos proféticamente. Oramos por medio de las Escrituras. Oramos, creyendo todo lo que Dios nos ha prometido. **Oramos con expectación. Oramos en el Espíritu. Oramos con un lenguaje que no es el nuestro. Oramos sin cesar.**

Somos fanáticos: nuestra alabanza es violenta y sonora, y nuestra adoración alcanza el corazón de Dios. Las puertas del infierno se cierran herméticas, y todo enemigo es atado y echado fuera cuando nosotros alabamos.

LOS TONTOS QUE SE GANARON EL PREMIO

Soy un tonto; el mayor de los tontos. Soy tonto por Él. Un día, los periódicos van a decir…

* **"Rechazados convertidos en gobernantes"**
* **"Locos convertidos en reyes"**
* **"Pecadores ahora son santos"**
* **"Guerreros son los mayores adoradores de hoy"**

Es importante que entendamos que Jesús no descendió a la tierra sólo para hacerse humano como nosotros. Es más importante entender que vino a la tierra para que nosotros pudiéramos llegar a ser como Él.

151

Un día, el Sistema Transmisor de Emergencia va a anunciar una emergencia poderosa y legítima; una emergencia sobre la cual van a informar todas las redes y estaciones de televisión del mundo. Su informe dirá algo como esto:

"Hace pocos minutos, confirmamos una información procedente de las Naciones Unidas, según la cual se está produciendo lo mismo en todas las naciones del mundo. Damas y caballeros, estamos declarando la ley marcial en el mundo entero, como consecuencia de esta gran catástrofe que, según informa nuestro director en NASA, se produjo en un abrir y cerrar de ojos.

"Al parecer, aquella gente que levantaba las manos para adorar a Dios en Espíritu y en verdad… los que se proclamaban nacidos de nuevo… los que declaraban que hay poder en la sangre de Jesús… los que decían que sus pecados habían sido borrados por la sangre del Cordero… los que creían que la Biblia es la verdad infalible… aquellos locos de Jesús han desaparecido. Ya no están aquí. Ya no habitan en este planeta. Los locos se han ido."

Ése es el destino de un adorador del Tercer Día; el destino de un loco de Jesús del Tercer Día.

LA VOZ

Así que le hablo a usted, que algunas veces se ha sentido rechazado; que en más de una ocasión se ha considerado como un indeseable genuino. Usted, que ha trastornado a tantos con su alabanza y su adoración, su celo y su santidad, su perseverancia y su pasión. Usted es uno de los locos de Jesús del Tercer Día. Usted es un adorador del Tercer Día. Su destino está asegurado; su futuro está garantizado. Amigo, todo lo que Dios le prometió, va a pasar en el tercer día.

152

"Padre …"

"Sí, hijo mío, ¿de qué se trata?"

"Los encontramos …"

"¿A quiénes encontraste, Hijo mío?"

"A los que he estado buscando desde el principio de la creación.

Nuestra búsqueda ha terminado, Padre. Hemos estado buscando quienes adoraran en Espíritu y en verdad. En este tercer día, la búsqueda ha terminado. Los encontramos de rodillas, sobre su rostro, con las manos extendidas. Padre, mira la lágrima que rueda por las mejillas de ese joven. Esa lágrima es más poderosa que cualquier otro cántico que se haya oído en los cielos, o que hayan cantado las multitudes de los ángeles. Esa sola lágrima resuena con la música de la gracia y de la perfección divina. Ese grito que hay dentro de aquel joven, aquel antiguo adicto, no es un grito cualquiera. Ese grito no sale de las cuerdas vocales de ese creyente, sino del interior de una vida transformada.

"La mano que levanta esa mujer, Padre, ya no está levantada para defenderse contra los maltratos, sino para proclamar la victoria. Allí está, con las manos levantadas en señal de que se entrega a mí.

"Padre, mira a aquélla que está callada. Todo lo que hace es sonreír. No hace ruidos, no hay palabras, no hay expresión. Sin embargo, de su interior corre un río que es como una clara corriente cristalina. El silencio del creyente es más grande que el grito de un pecador.

"Los encontramos, Padre; los tontos, los locos, los que no se avergüenzan, los trastornadores, los indeseables y los rechazados. Encontramos a los verdaderos adoradores que me adoran en Espíritu y en verdad. Ha acabado la búsqueda. Haz sonar la alarma."

153

¿Eres un cristiano del tercer día?

ALZANOS HASTA ELTRUINFO EN BETANIA

Desconcertado, *confundido*, **indignado**. Exclamé: "¿Cómo pudo? ¿Cómo pudo? ¿Cómo pudo? ¿Cómo pudo permitir Cristo que muriera Lázaro? No lo entiendo. Recibió la noticia, pero se quedó esperando. Esperó a que Lázaro muriera. ¿Cómo pudo hacer algo así?

En el tercer día miramos más allá de unas declaraciones de tipo confesional. Miramos más allá de las inclinaciones positivas de nuestra mente.

* Por mucha confesión positiva que se haga...
* Por muchos pañuelos que se manden por correo...
* Por muchas veces que se ponga la mano sobre la pantalla del televisor...
* Por muchas veces que se repitan las cosas una y otra vez...

155

A pesar de todo, Lázaro murió. ¿Por qué permitió Dios que Lázaro muriera? En el tercer día, recibimos revelación e iluminación con respecto a la Palabra.

Comprendo que hay ocasiones en que Dios permite ciertamente que muramos. Comprendo que hay cosas que

DIOS NO RESIDE EN MANSIONES NI PALACIOS; NO ESTÁ LIMITADO A LOS PÚLPITOS O LAS CAMPAÑAS, SINO QUE ENTRA EN NUESTRA VIDA.

nosotros queremos que Dios arregle y sane, pero Él prefiere que muramos y seamos sepultados. Está esperando que queden atrás todas esas cosas, a fin de ordenarnos que salgamos y liberarnos para su glorificación plena en nosotros, que somos su cuerpo.

Sí, amigo; hay momentos en los que Dios va a permitir que usted muera.

✳ **Permite que usted muera, para resucitarlo a un estado superior al de antes.**

✳ **Permite que usted muera, para levantarlo de manera que sea mejor que ayer.**

✳ **Permite que muera, para enviarlo a unos lugares más altos que todo cuanto usted se haya podido imaginar jamás.**

PREPÁRESE PARA REGOCIJARSE

Cristo entra en Betania, la ciudad de los lamentos.

Cristo reside…

✳ **Dondequiera que haya un corazón quebrantado.**
✳ **Dondequiera que haya un gran vacío.**
✳ **Dondequiera que se derrame una lágrima.**
✳ **Dondequiera que haya un alma angustiada.**
✳ **Dondequiera que haya un espíritu adolorido.**

156

Cristo está allí. Está dentro de la ciudad de los lamentos. Jesús siempre regresa a Betania. La alabanza está a punto de estallar en Betania. Hay un grito a punto de ser lanzado en Betania. Hay una danza a punto de comenzar en Betania.

✳ **Prepárese para alabar.**
✳ **Prepárese para gritar.**
✳ **Prepárese para danzar.**
✳ **Prepárese para adorar.**
✳ **Prepárese para regocijarse.**

Se acerca el Maestro.

> *Oyéndolo Jesús, dijo: Esta enfermedad no es para muerte, sino para la gloria de Dios, para que el Hijo de Dios sea glorificado por ella. —JUAN 11:4*

Su enfermedad no es para muerte. Es para que Dios sea glorificado. Usted es el motivo, mi migo. Usted es la razón por la que Dios viene a Betania. Usted es la razón por la que el Maestro regresa a este planeta tan lleno de lamentos. Esa enfermedad, esa carga, esa lucha, ese yugo que usted lleva ahora, van a permitir que Dios sea glorificado en usted.

EN MEDIO DE UN MUNDO EN PROBLEMAS, EN MEDIO DEL CAOS Y DE LA ANARQUÍA, HAY UNA ESPERANZA: LA ESPERANZA DE QUE EL MAESTRO VENDRÁ EN CUALQUIER MOMENTO.

Es algo temporal. Va a pasar, no porque usted haya convencido a su mente de que va a pasar, sino porque lo dice la Biblia. Dios va a ser glorificado. Jesús lo ama, y por eso lo va a hacer. Él amaba a Lázaro.

> *Y amaba Jesús a Marta, a su hermana y a Lázaro. —JUAN 11:5*

157

TENEMOS QUE MORIR PARA VIVIR

Jesús amaba. Por tanto, deje de pedirle a Dios que sane esas cosas que Él mismo está tratando de matar. Déjelas que se mueran.

* **Deje que se muera el pecado.**
* **Deje que se muera la carne.**
* **Deje que mueran sus aspiraciones.**
* **Deje que mueran sus objetivos.**
* **Deje que muera su disposición**
* **Deje que mueran sus suposiciones**
* **Deje que mueran sus prejuicios.**
* **Deje que mueran sus tendencias.**
* **Deje que mueran sus limitaciones.**

¡Deje que viva Jesús!

Hay algunas cosas que tienen que morir antes de que Él lo libere; antes de que Él lo llame y lo envíe. Lázaro tuvo que morir antes de que Cristo lo pudiera liberar de la tumba y enviarlo como testigo del enorme poder de Dios.

> *Cuando oyó, pues, que estaba enfermo, se quedó dos días más en el lugar donde estaba.* —JUAN 11:6

158

Jesús esperó a que muriera Lázaro, porque en su muerte se podría ver la gloria de Dios. En el Pacto Antiguo, la gloria de Dios era su presencia manifiesta. No sólo le daba seguridad al pueblo de Israel, sino que al mismo tiempo, le podría acarrear la muerte. Si se manejaba de manera inadecuada,

HAY CIERTAS COSAS QUE TIENEN QUE MORIR PARA QUE CRISTO LO PUEDA LIBERAR A USTED.

producía la muerte. Cuando se ponía en un lugar donde no debía estar, acarreaba la muerte.

> *Pusieron el arca de Dios sobre un carro nuevo, y la llevaron de la casa de Abinadab, que estaba en el collado; y Uza y Ahío, hijos de Abinadab, guiaban el carro nuevo. Y cuando lo llevaban de la casa de Abinadab, que estaba en el collado, con el arca de Dios, Ahío iba delante del arca. Y David y toda la casa de Israel danzaban delante de Jehová con toda clase de instrumentos de madera de haya; con arpas, salterios, panderos, flautas y címbalos. Cuando llegaron a la era de Nacón, Uza extendió su mano al arca de Dios, y la sostuvo; porque los bueyes tropezaban. Y el furor de Jehová se encendió contra Uza, y lo hirió allí Dios por aquella temeridad, y cayó allí muerto junto al arca de Dios.* —2 SAMUEL 6:3-7

DIOS ESTÁ ESPERANDO A QUE USTED MUERA, PARA PODERLO VISITAR, HABITAR EN USTED Y HACERLO VIVIR.

La gloria de Dios es una gloria doble: no sólo produce vida, sino que también produce muerte.

Cuando lo visita la gloria, amigo mío, su espíritu cobra vida y su carne muere. El hombre interior cobra vida, y el hombre exterior muere.

Dos días después de morir Lázaro, Jesús se preparó para ir a Judea, al hogar de María y Marta, en Betania. Sus discípulos le suplicaron que no fuera.

Luego, después de esto, dijo a los discípulos: Vamos a Judea otra vez. Le dijeron los discípulos: Rabí, ahora procuraban los judíos apedrearte, ¿y otra vez vas allá? —JUAN 11:7-8

El diablo no quería que Jesús fuera glorificado en Judea a través de Lázaro. Los discípulos le dijeron:. "La última vez que estuviste allí, te persiguieron; trataron de apedrearte y de matarte". Hay lugares donde el diablo no quiere que usted vaya. Hay gente que le dirá que no vaya, que no cumpla con su llamado, que no haga lo que Dios le ha dicho que haga.

La gente que lo rodea—la gente religiosa y parte de la gente del segundo día—no quiere que usted entre en el mayor de sus días… el tercero.

* No se lo van a decir tan claro.
* Lo van a espiritualizar.
* Hasta es posible que hablen en lenguas sobre usted como confirmación.
* Tal vez usen el don o la unción de ellos para ponerle obstáculos e impedir que siga adelante.

Pero en realidad, cuando Dios lo llame a Betania, no hay nada que lo pueda detener. Dios lo está llamando…

160

* Al lugar santo.
* Al trono divino.
* Al lugar secreto.
* Al lugar de oración.
* Al estudio de la Palabra.

Pero es necesario que usted diga: ¡Allá voy! Repita conmigo ahora mismo: **"Allá voy, allá voy. Aunque esté malherido, allá voy. Aunque esté agotado, allá voy. Aunque me sienta solo, allá voy.**

Aunque tenga el corazón quebrantado, allá voy. Aunque me hayan olvidado, allá voy. Aunque me hayan alejado de sí, allá voy. Aunque sienta las presiones, allá voy. Aunque esté muerto, allá voy. ¡Allá voy!

- ✳ **Allá voy con alabanza.**
- ✳ **Allá voy con adoración.**
- ✳ **Allá voy con regocijo.**
- ✳ **Allá voy con celebración.**

No hay muro alguno que el enemigo pueda levantar para impedir que entremos. Tenemos la unción necesaria para echar abajo esos muros en el nombre de Jesús.

> *Entonces el pueblo gritó, y los sacerdotes tocaron las bocinas; y aconteció que cuando el pueblo hubo oído el sonido de la bocina, gritó con gran vocerío, y el muro se derrumbó. El pueblo subió luego a la ciudad, cada uno derecho hacia adelante, y la tomaron.* —Josué 6:20

Aunque se levanten montañas en nuestro camino, allá voy. Las vamos a trasladar a otro lugar, o a escalar, según sea la voluntad de Dios.

> *Jesús les dijo: Por vuestra poca fe; porque de cierto os digo, que si tuviereis fe como un grano de mostaza, diréis a este monte: Pásate de aquí allá, y se pasará; y nada os será imposible.* —Mateo 17:20

161

Aunque se me oponga el fuego del mismo infierno, allá voy.

> *Cuando pases por las aguas, yo estaré contigo; y si por los ríos, no te anegarán.*

*Cuando pases por el fuego, no te quemarás,
ni la llama arderá en ti.*—ISAÍAS 43:2

Hay momentos en que nos tenemos que enfrentar con una verdad tan grande, que nuestra reacción inicial puede ser una conmoción, o la negación. En cambio, en el tercer día vamos a recibir esta verdad como combustible, no para dar la vuelta o para detenernos, sino más bien para seguir adelante hacia lo que Dios nos a prometido. En esos momentos se pone a prueba nuestro carácter para que demos un froto que sólo la firmeza de decisión del tercer día puede producir. A pesar de las circunstancias, las situaciones y las condiciones, y aunque yo sea el único que quede en pie al final del camino, allá voy, *¡y no hay nada ni nadie que me pueda detener!*

LOS ADORADORES DEL TERCER DÍA

Cuando Jesús llegó a Betania, se encontró con las reacciones de María y de Marta:

Entonces Marta, cuando oyó que Jesús venía, salió a encontrarle; pero María se quedó en casa. —JUAN 11:20

María, Marta y Lázaro representan tres tipos de personajes del tercer día con los que nos vamos a encontrar.

162

Marta salió corriendo para tener un encuentro con Jesús. María se quedó en la casa, esperando su encuentro.

MARTA CORRIÓ; MARÍA ESPERÓ Y LÁZARO FUE LIBERADO.

María tenía inclinación a esperar como adoradora. Esta misma María fue la que le ungió los pies a Jesús, derramando un costoso perfume y ungüento sobre los pies del Maestro. ¿Por qué esperó María? Muchos la han criticado por esperar, insinuando que un espíritu al estilo de Marta, siempre obrando, puede recibir con mayor rapidez las bendiciones de Dios. En cambio, yo sostengo que en el tercer día necesitamos tener un espíritu como el de María.

Marta salió, pero no como forma de adorar, sino para criticar a Jesús por haber permitido que muriera su hermano. María esperó, porque sabía que estar a los pies del Maestro era algo que superaba toda situación o circunstancia.

Sabía que cuando llegara el Maestro, todo iría bien.

> *Jesús le dijo: Tu hermano resucitará.* —JUAN 11:23

Jesús declaró: "Tu hermano vivirá". En este tercer día, usted necesita declarar que su hermano vivirá.

* Su hermana vivirá.
* Su familia vivirá.
* Su economía vivirá.
* Su matrimonio vivirá.
* Su unción vivirá.
* Su ministerio vivirá.
* Su llamado vivirá.

Proclámelo ahora mismo, allí donde está; proclame: "Mi llamado, mi ministerio, mi futuro y mi destino vivirán. Yo viviré, porque me niego a hacer otra cosa que no sea vivir".

* Me niego a formar parte de un mundo que agoniza, cuando formo parte de una Iglesia viviente.
* Me niego a formar parte de un destino que agoniza, cuando formo parte de un legado viviente.

163

✳ **Voy a vivir. Inmediatamente después de morir, voy a vivir.**

Le dijo Jesús: Yo soy la resurrección y la vida; el que cree en mí, aunque esté muerto, vivirá. —JUAN 11:25

Amigo, mientras más usted muera, más vivirá. Cuando morimos totalmente a nosotros mismos, entonces y sólo entonces, el Cristo viviente nos revive y nos levanta para que vivamos en su presencia. Morimos para vivir. Cuando estamos verdaderamente muertos a nosotros mismos, ya no nos distraen nuestras limitaciones. Una vez llegados a ese punto, no vemos las cosas a nuestra manera, ni las oímos a nuestra manera. Comenzamos a oír la voz de Dios, que nos llama. Y a pesar de lo que nos rodea, nace la fe, porque el Maestro nos está llamando.

DIOS ESTÁ ESPERANDO LA LLEGADA DE LOS VERDADEROS ADORADORES, ESTÁ ESPERANDO A UNA MARÍA QUE VAYA A SU ENCUENTRO A MITAD DE CAMINO.

Habiendo dicho esto, fue y llamó a María su hermana, diciéndole en secreto: El Maestro está aquí y te llama.—JUAN 11:28

164

El Maestro ha venido, y te está llamando. ¿A quién está llamando? Está llamando a María. Jesús esperó por María antes de seguir adelante. En otras palabras, Jesús, que se hallaba cerca de la tumba, pero a mitad de camino de la casa, le estaba mandando a decir a María: "No voy a hacer nada más hasta que tenga delante una verdadera adoradora". Estaba esperando a una adoradora del

Tercer Día. Estaba esperando a una adoradora que lo adoraba en Espíritu y en verdad. Mientras no llegara, se negaba a seguir adelante.

Dios no va a liberar la unción, ni lo va a llamar a usted para sacarlo de su tumba, a menos que su adoración verdadera se encuentre con Él a mitad de camino.

* **La adoración hace arder el corazón de Dios para realizar los milagros.**
* **La adoración mueve a la gloria de Dios para que actúe de manera sobrenatural.**

Esperó a María antes de seguir adelante. Y espera a un adorador antes de continuar moviéndose.

> *María, cuando llegó a donde estaba Jesús, al verle, se postró a sus pies, diciéndole: Señor, si hubieses estado aquí, no habría muerto mi hermano.* —JUAN 11:32

UNA VEZ QUE USTED HAYA ESTADO A LOS PIES DEL MAESTRO, SU VIDA NUNCA VOLVERÁ A SER COMO ANTES.

María cayó a sus pies… donde se había sentado mientras Él enseñaba en una ocasión anterior. Los pies que pronto ella misma ungiría en preparación para el sacrificio de su muerte.

Hay algo especial en esto de hallarse a los pies de Jesús. Es hora de que nos vayamos a los pies del Maestro.

165

* **En el primer día nos limitábamos a sostener sus manos.**
* **En el segundo día sólo tocábamos el borde de sus vestiduras.**
* **Pero en el tercer día abrazamos, ungimos y besamos sus pies.**

Los pies de Cristo son la plataforma del perdón, el poder

y la gracia. Sus pies poseen poder. Debemos aferrarnos a los pies del Maestro. Porque son sus pies los que le aplastan la cabeza al enemigo. Sus pies tienen el poder necesario para derribar las fortalezas del diablo.

SIETE PASOS PARA LEVANTARNOS

Y dijo: ¿Dónde le pusisteis? Le dijeron: Señor, ven y ve. —JUAN 11:34

Hay siete pasos que todos debemos dar para salir de la tumba.

* **Siete pasos para resucitara cosas que se nos han muerto en nuestra vida**
* **Siete pasos para que seamos resucitados y llamados a salir**

Es necesario que usted identifique la ubicación de ese ministerio, esa unción, ese llamado, esa persona. Identifique el lugar concreto donde se encuentra. ¿Dónde puso aquella herida que escondió tan hondo en su corazón? Identifique concretamente la recámara donde se halla.

* **¿Dónde lo hirieron?**
* **¿Dónde lo hicieron víctima?**
* **¿Dónde lo maltrataron?**

Regrese a ese lugar. Esto va más allá de cualquier tipo de victimación interna al estilo de la Nueva Era, o de la charlatanería psicoterapéutica, en la cual usted trata de sacar a la superficie al niño que lleva en su interior y reconocer todas las experiencias dolorosas de su pasado.

Hay algunas cosas que es mejor que queden sepultadas. En cambio, hay otras cosas que Dios quiere resucitar.

Ésas son las cosas que usted debe identificar. Vuelva a ese lugar con la unción del Espíritu Santo. Entonces, dé todos los pasos hasta llegar a la victoria definitiva.

1. QUITE LA PIEDRA

Dijo Jesús: Quitad la piedra. Marta, la hermana del que había muerto, le dijo: Señor, hiede ya, porque es de cuatro días. —JUAN 11:39

ES HORA DE QUE USTED SE SIENTE ENCIMA DE LAS COSAS QUE LO HAN ESTADO FRENANDO EN EL PASADO.

Quite del medio esa cosa que le está impidiendo avanzar, amigo mío. Eso que está impidiendo que usted vea su milagro, hay que quitarlo de en medio.

En el día de la resurrección de Cristo, las mujeres encontraron que la piedra había sido quitada, y un ángel estaba sentado sobre ella. Capte la imagen: el ángel sentado sobre la piedra.

¡El gesto de sentarse indica que es usted quien manda! La misma piedra que lo mantuvo esclavizado, se ha convertido en el salón de su trono.

* Es necesario que usted domine sobre sus circunstancias.
* Es necesario que usted domine sobre sus situaciones.
* Es necesario que usted domine sobre sus debilidades.

167

Esa tentación.. ese vicio… esa limitación… eso que en el pasado lo bloqueaba, ahora se ha convertido en el trono desde el cual usted reina.

Ahora, usted está sentado sobre esa piedra.

Usted tiene dominio sobre ella, no por un día… ni por

LOS FARISEOS DEL PRIMER DÍA TIRAN PIEDRAS; LOS SEGUIDORES DEL SEGUNDO SIGUEN LAS PIEDRAS, Y LOS LOCOS DEL TERCER DÍA VIVEN SOBRE LA PIEDRA.

una temporada... sino para siempre. Usted está sentado sobre esa situación, **pero Dios está sentado sobre usted.** Y mientras Dios siga sentado sobre usted, no va a poder salir de esa situación. Usted se sienta sobre ella, lo cual significa que es usted quien la domina a ella. **Usted reina sobre ella.** Si la quita, podría volver para molestarlo. Pero si se le sienta encima, va a saber exactamente dónde está. En el tercer día, dominamos sobre nuestras circunstancias. **Somos reyes del Tercer Día, y los reyes del Tercer Día reinan.**

2. CREA

Jesús le dijo: ¿No te he dicho que si crees, verás la gloria de Dios? —Juan 11:40

CREA, Y VERÁ LA GLORIA.

Crea y vea; no vea y crea. Usted no es un Tomás; usted es un adorador del Tercer Día. Lo va a creer primero, y después lo va a ver. Lo creemos, y lo recibimos por fe.

Es, pues, la fe la certeza de lo que se espera, la convicción de lo que no se ve. Porque por ella alcanzaron buen testimonio los antiguos. Por la fe entendemos haber sido constituido el universo por la palabra de Dios, de modo que lo que se ve fue hecho de lo que no se veía. —Hebreos 11:1-3

168

Cuando usted tiene fe, todas las cosas son posibles por medio de Cristo Jesús. Somos seres espirituales con experiencias humanas; por consiguiente, debemos operar continuamente por fe.

3-4. ALABE Y ADORE

Padre, gracias te doy por haberme oído. Yo sabía que siempre me oyes…—Juan 11:41-42

Jesús entró en aquella situación de muerte con alabanza. En primer lugar, lo que tuvo fue un culto de adoración.

NECESITAMOS ENTRAR A CADA SITUACIÓN CON LA QUE NOS ENFRENTAMOS, CON ACCIÓN DE GRACIAS, DECLARANDO LAS COSAS COMO YA HECHAS.

Dios ya lo bendijo, amigo. Lo bendijo hace dos mil años. Pero ahora es cuando usted se está dando cuenta de esa bendición. **Ya ha perdonado los pecados que usted aún no ha cometido. Ya ha sanado las enfermedades que aún no ha tenido. Ya lo ha bendecido con cosas que usted aún no le ha pedido. Ya lo ha sacado de unas circunstancias por las que aún no ha pasado. Dios es el mismo ayer, y hoy, y por siempre. Todo cuanto hizo, lo hizo en la cruz.** Ahora es cuando usted está llegando a reconocer plenamente lo que ya Él hizo dos mil años atrás.

Debemos venir con una acción de gracias profética. Deje de orar diciendo: "Señor, salva a mi hijo". Comience a darle gracias a Dios por su salvación. Dele gracias por la salvación de su hija, de su esposo, de su matrimonio, de sus jóvenes y de sus vecinos. Ore proféticamente, alabe proféticamente, adore proféticamente… piense proféticamente.

5. RECONOZCA EN PÚBLICO

La cruz fue una cosa pública. El Calvario es una expresión pública. Su cristianismo debe ser una expresión también pública.

169

*Y habiendo dicho esto, clamó a gran voz:
¡Lázaro, ven fuera! —Juan 11:43*

El mundo necesita que nosotros reconozcamos en público la gloria de Dios que hay sobre nuestra vida. Cristo se aseguró de que todo el mundo viera la gloria de su Padre y oyera hablar de ella, cuando resucitó a Lázaro. El adorador del Tercer Día usa un grito, un ruido, una voz, para reconocer las obras sobrenaturales de Dios en su vida.

6. SALGA; SÁQUELO

*Y el que había muerto salió, atadas las
manos y los pies con vendas, y el rostro en-
vuelto en un sudario.—Juan 11:44*

Lázaro salió de su tumba con los atavíos de la muerte aún colgados. No estaba satisfecho con permanecer en aquella tumba. Ni siquiera se tomó el tiempo necesario para soltar aquellos atavíos antes de salir. Aquella mortaja estaba destinada a contener muerte; no podía contener una vida resucitada. La mortaja… las ataduras… las cadenas… las situaciones y las circunstancias que lo contienen a usted en la muerte, no lo pueden contener en la vida resucitada. Salga, salga, salga. Deje atrás a la muerte y entre a la vida.

7. DESÁTELO Y DÉJELO IR

170

*Jesús les dijo: Desatadle, y dejadle ir.—Juan
11:44*

No basta con que Dios le diga que salga. Jesús se lo dijo a Lázaro. Sin embargo, no fue Jesús quien le quitó la mortaja que lo ataba. No participó en el proceso de desatarlo. No; es necesario que usted vaya al encuentro de Dios a mediados de camino. Dios se lo va a declarar. Lo va a liberar, pero usted va a necesitar que lo ayuden a salir de esas ataduras.

Rodéese de gente que esté dispuesta a desatadlo cuando Dios lo llame para que salga. Rodéese de creyentes del Tercer Día que estén dispuestos a desatarlo de su mortaja para que usted surja con una vida de resurrección.

¿Eres un cristiano del tercer día?

ALZADOS COMO ALPINISTAS DEL TERCER DÍA

Suba, *suba*, **suba**. Cada vez que un ser humano tiene un encuentro con la cima de una montaña, sucede algo sobrenatural.

> *Subid al monte, y traed madera, y reedificad la casa; y pondré en ella mi voluntad, y seré glorificado, ha dicho Jehová.* —HAGEO 1:8

Los alpinistas del Tercer Día deben subir a las siguientes montañas:

- ❋ **El monte Ararat**
- ❋ **El monte Moriah**
- ❋ **El monte de los Olivos**
- ❋ **El monte Carmelo**
- ❋ **El monte Sinaí**
- ❋ **El monte de la Transfiguración**
- ❋ **El monte Calvario**
- ❋ **El monte Sión**

173

"Dame esa montaña", fue el clamor de Caleb:

Y los hijos de Judá vinieron a Josué en Gilgal; y Caleb, hijo de Jefone cenezeo, le dijo: Tú sabes lo que Jehová dijo a Moisés, varón de Dios, en Cades-barnea, tocante a mí y a ti. Yo era de edad de cuarenta años cuando Moisés siervo de Jehová me envió de Cades-barnea a reconocer la tierra; y yo le traje noticias como lo sentía en mi corazón. Y mis hermanos, los que habían subido conmigo, hicieron desfallecer el corazón del pueblo; pero yo cumplí siguiendo a Jehová mi Dios.

Entonces Moisés juró diciendo: Ciertamente la tierra que holló tu pie será para ti, y para tus hijos en herencia perpetua, por cuanto cumpliste siguiendo a Jehová mi Dios. Ahora bien, Jehová me ha hecho vivir, como él dijo, estos cuarenta y cinco años, desde el tiempo que Jehová habló estas palabras a Moisés, cuando Israel andaba por el desierto; y ahora, he aquí, hoy soy de edad de ochenta y cinco años. Todavía estoy tan fuerte como el día que Moisés me envió; cual era mi fuerza entonces, tal es ahora mi fuerza para la guerra, y para salir y para entrar. Dame, pues, ahora este monte, del cual habló Jehová aquel día; porque tú oíste en aquel día que los anaceos están allí, y que hay ciudades grandes y fortificadas. Quizá Jehová estará conmigo, y los echaré, como Jehová ha dicho. Josué entonces le bendijo, y dio a Caleb hijo de Jefone a Hebrón por heredad.

—JOSUÉ 14:6-13

LOS ALPINISTAS DEL TERCER DÍA

¿Hay algún alpinista del tercer día que se atreva a dejar de andarse arrastrando por las faldas de las colinas? Dios no lo ha llamado a usted a arrastrarse, sino que lo ha llamado a escalar la montaña. La forma más rápida de subirla es correr montaña arriba.

174

En varias ocasiones, cuando Cristo hacía un milagro, hacía también una declaración después del milagro:

* **"Levántate y anda"**— LUCAS 5:23
* **"Levántate, toma tu lecho, y anda"**— JUAN 5:8

✳ **"Levántate, y ponte en medio"** — *Lucas 6:8*
✳ **"Levantaos, y no temáis"** — *Mateo 17:7*

Ya es hora de que nos pongamos en pie y comencemos a escalar. Dios no nos ha llamado a arrastrarnos: Levántese y comience a escalar.

✳ **Deje de arrastrarse en su tristeza.**
✳ **Deje de arrastrarse en sus fracasos.**
✳ **Deje de arrastrarse en su desespero.**
✳ **Deje de arrastrarse en su ayer.**

¡Ya es hora de que comience a escalar! ¡Nosotros escalamos de gloria en gloria; de cima en cima!

La experiencia del tercer día es la diferencia entre las montañas y los valles. No podemos negar que los valles sean necesarios. Para pasar de una cima a otra, tenemos que pasar por un valle. Un valle es un espacio entre dos montañas.

En el valle se nos prueba, pero se nos bendice en la cima. En el valle se nos quebranta, pero se nos restaura en la cima. Hay varias montañas concretas que debemos escalar.

EL MONTE ARARAT

La primera montaña que debe escalar el alpinista del Tercer Día es el monte Ararat. Cuando terminó el diluvio, Dios le reveló a Noé el monte Ararat.

> *Y reposó el arca en el mes séptimo, a los diecisiete días del mes, sobre los montes de Ararat.* —*Génesis 8:4*

El monte Ararat es la montaña de la renovación. Es la montaña de un nuevo comienzo. Dios lo está llamando a

175

la cima del monte Ararat. Dios lo está llamando a un nuevo comienzo; a un proceso de renovación.

Cuando Noé sintió que faltaba poco para que terminara la gran inundación y las aguas comenzaron a bajar, envió un cuervo y una paloma desde el arca en busca de tierra seca. (Vea Génesis 8:6-12). El cuervo no volvió al arca. Los cuervos nunca vienen de vuelta con noticias; nada que esté en las tinieblas puede volver con buenas noti-

CUANDO TERMINE SU TORMENTA, USTED VA A ESTAR EN LA CIMA.

cias. En cambio, la paloma regresó con una rama de olivo acabada de arrancar. Las palomas siempre vuelven con buenas noticias; cuando nuestro Consolador y Consejero es el Espíritu de Dios, siempre vuelve con buenas noticias.

Como señal de su pacto con el hombre, Dios hizo que apareciera el arco iris en la cima de aquella montaña, ante Noé. Aquel arco iris tenía el color de la gracia; era señal de que la tormenta había terminado. Y cuando aquella tormenta terminó, el arca de Noé no se posó al pie de la montaña, ni tampoco a mediados... se posó sobre la cima del monte Ararat.

Le estoy hablando ahora a usted, amigo mío. Usted que se halla en medio de la tormenta... usted que se halla en medio de un diluvio... se acerca a usted una Paloma ahora mismo y trae buenas noticias. El Espíritu de Dios está a punto de decirle que hay un arco iris que resplandece en el horizonte. Cuando termine la tormenta, usted va a estar en la cima.

176

EL MONTE SINAÍ

Otra de las montañas que tienen que escalar los alpinistas del Tercer Día es el monte Sinaí.

En el mes tercero de la salida de los hijos de Israel de la tierra de

Egipto, en el mismo día llegaron al desierto de Sinaí. Y Moisés subió a Dios; y Jehová lo llamó desde el monte, diciendo: Así dirás a la casa de Jacob, y anunciarás a los hijos de Israel: Vosotros visteis lo que hice a los egipcios, y cómo os tomé sobre alas de águilas, y os he traído a mí. Ahora, pues, si diereis oído a mi voz, y guardareis mi pacto, vosotros seréis mi especial tesoro sobre todos los pueblos; porque mía es toda la tierra. Y vosotros me seréis un reino de sacerdotes, y gente santa...

And Y Jehová dijo a Moisés: Ve al pueblo, y santifícalos hoy y mañana; y laven sus vestidos, y estén preparados para el día tercero, porque al tercer día Jehová descenderá a ojos de todo el pueblo sobre el monte de Sinaí... Aconteció que al tercer día, cuando vino la mañana, vinieron truenos y relámpagos, y espesa nube sobre el monte, y sonido de bocina muy fuerte; y se estremeció todo el pueblo que estaba en el campamento. Y Moisés sacó del campamento al pueblo para recibir a Dios; y se detuvieron al pie del monte. Todo el monte Sinaí humeaba, porque Jehová había descendido sobre él en fuego; y el humo subía como el humo de un horno, y todo el monte se estremecía en gran manera. El sonido de la bocina iba aumentando en extremo; Moisés hablaba, y Dios le respondía con voz tronante. Y descendió Jehová sobre el monte Sinaí, sobre la cumbre del monte; y llamó Jehová a Moisés a la cumbre del monte, y Moisés subió...

Y la gloria de Jehová reposó sobre el monte Sinaí, y la nube lo cubrió por seis días; y al séptimo día llamó a Moisés de en medio de la nube. Y la apariencia de la gloria de Jehová era como un fuego abrasador en la cumbre del monte, a los ojos de los hijos de Israel.

—Éxodo 19:1, 3-6, 10-11, 16-20, ; 24:16-17

177

La gloria de Dios descansó sobre el monte Sinaí. Las tablas de piedra donde estaban los Diez Mandamientos le fueron entregadas a Moisés en el monte Sinaí. Éste es el monte de la entrega, donde Dios proclamará su Ley… su Palabra… sus bendiciones sobre la vida de usted.

✳ **Es el monte donde se transformará su rostro.**
✳ **Es el monte donde se transformará su actitud.**
✳ **Es el monte donde se transformarán su unción y su ministerio.**

Dios está a punto de llevarlo al monte Sinaí. Está a punto de ponerle algo en las manos. En estos mismos momentos, le está poniendo la gloria y la Palabra en el monte Sinaí.

EL MONTE CARMELO

El monte Carmelo es la montaña de la confrontación… la montaña del fuego… la montaña de la lluvia. Es la montaña donde lo rodean los profetas.

> *Envía, pues, ahora y congrégame a todo Israel en el monte Carmelo, y los cuatrocientos cincuenta profetas de Baal, y los cuatrocientos profetas de Asera, que comen de la mesa de Jezabel. Entonces Acab convocó a todos los hijos de Israel, y reunió a los profetas en el monte Carmelo.* —1 REYES 18:19-20

178

Cuando usted escale el monte Carmelo como alpinista del Tercer Día, el fuego del Espíritu Santo que hay en usted va a apagar a los falsos profetas que lo rodeen.

El monte Carmelo representa la destrucción de los falsos profetas. En él se creó el altar del tercer día, que representa la realidad de que Dios es un Dios de fuego. En la cima de esa misma montaña se daría un informe del tiempo, en el que se indicaba que iba a llover. Porque un grupo de adoradores del Tercer Día van a estar dispuestos a escalarlo, aparecerá sobre ellos una pequeña nube que va a derramar lluvia en abundancia. La lluvia va a contener…

✳ **Las mayores bendiciones del tercer día.**
✳ **Un gran avivamiento del tercer día, que nos va a levantar para que vivamos en la presencia de Dios.**
✳ **Una gran renovación del tercer día.**
✳ **La mayor entrega de la gloria de Dios en todos los tiempos.**

EL MONTE DE LA TRANSFIGURACIÓN

El monte de la Transfiguración es la montaña de la transformación.

> *Seis días después, Jesús tomó a Pedro, a Jacobo y a Juan su hermano, y los llevó aparte a un monte alto; y se transfiguró delante de ellos, y resplandeció su rostro como el sol, y sus vestidos se hicieron blancos como la luz.* —Mateo 17:1-2

Jesús es el que transforma el agua en vino… los recaudadores de impuestos en ganadores de almas… y los pecadores en santos. El monte de la Transfiguración es la montaña de la transformación. Dios convierte las cosas viejas en cosas nuevas:

179

> *De modo que si alguno está en Cristo, nueva criatura es; las cosas viejas pasaron; he aquí todas son hechas nuevas.* —2 Corintios 5:17

La Iglesia del Tercer Día es una iglesia ágil, capaz de enfrentarse a los cambios continuos y de progresar en todo un proceso de evolución de gloria en gloria. En medio

DIOS SE HALLA SIEMPRE EN MEDIO DE LA GENTE QUE ESTÁ EN FUEGO.

del cambio que se estaba produciendo en el monte de la Transfiguración, aparecieron junto a Cristo dos profetas: Elías y Moisés. ¿Por qué Elías y Moisés? Y, ¿por qué apareció Cristo en medio de ellos?

Hay una característica básica que relaciona a Moisés con Elías: ambos fueron profetas de fuego. En el primer encuentro de Moisés con Dios, lo encontró en una zarza ardiendo. Dios mismo lo seguiría después de noche como columna de fuego. Elías invocó al Señor y cayó el fuego frente a los altares de los falsos profetas.

Dios es un Dios de fuego. Dios descansa... Dios vive...Dios se mueve...Dios habita en la gente que está en fuego. **Dios se encuentra siempre en medio de la gente que está en fuego. Para que Dios lo transforme, es necesario que usted se meta en el fuego.** El fuego es necesario para la transformación.

Amigo mío, algunas veces no es el diablo, sino Dios quien lo mete a usted en el fuego.

Entonces Nabucodonosor se acercó a la puerta del horno de fuego ardiendo, y dijo: Sadrac, Mesac y Abed-nego, siervos del Dios Altísimo, salid y venid. Entonces Sadrac, Mesac y Abed-nego salieron de en medio del fuego. —DANIEL 3:26

180

Aquellos tres jóvenes entraron al horno de fuego atados y encadenados, pero cuando salieron estaban libres de toda atadura. Porque aquel fuego no era un fuego satánico; *aquel fuego era un fuego santo.* ¡El cuarto hombre que estaba en medio del fuego era Jesús! El Dios del fuego que estaba en medio del horno hizo de aquel fuego un fuego santo. ¡Aleluya!

USTED NO ESTÁ EN MEDIO DE UNA TORMENTA DE FUEGO PARA QUE SATANÁS LO PUEDA ANIQUILAR, SINO PARA QUE DIOS LO ELEVE A LA PRÓXIMA CIMA, QUE ES LA DEL MONTE CALVARIO.

Para que Dios lo transforme, usted necesita estar en el fuego. Ésa es la razón de que esté pasando por lo que está pasando. Ésa es la razón de que esté rodeado por las circunstancias que lo rodean. Usted no está metido en el fuego para que el diablo lo pueda destruir. Está metido en el fuego para que Dios lo pueda transformar.

EL MONTE CALVARIO

Todos los alpinistas del Tercer Día deben escalar el monte Calvario. En ese monte es donde Dios convierte un montón de basura en una montaña de victoria. Dios convierte una colina en una montaña… un montón de basura en una celebración de victoria. Jesús murió para que usted pudiera vivir. Usted debe morir a sí mismo para que Él pueda vivir en usted.

> *Con Cristo estoy juntamente crucificado, y ya no vivo yo, mas vive Cristo en mí; y lo que ahora vivo en la carne, lo vivo en la fe del Hijo de Dios, el cual me amó y se entregó a sí mismo por mí.*—GÁLATAS 2:20

181

Es hora de escalar el monte Calvario: la montaña de la redención… la montaña del perdón… la montaña de la gracia.

EL MONTE SIÓN

¡Alpinistas del Tercer Día, prepárense!

✳ **Alpinistas del Tercer Día, prepárense.**
✳ **Alpinistas del Tercer Día, tengan sus mochilas listas.**

> TOQUE LA TROMPETA EN SIÓN... EL MONTE DONDE DAMOS LA VOZ DE ALARMA... EL MONTE DONDE NO SOY UN SIMPLE SOBREVIVIENTE, SINO QUE SOY UN VENCEDOR.

Ha llegado la hora de escalar el monte Sión. ¿Quién subirá al monte santo de Dios?

¿Quién subirá al monte de Jehová? ¿Y quién estará en su lugar santo? El limpio de manos y puro de corazón; el que no ha elevado su alma a cosas vanas, ni jurado con engaño. Él recibirá bendición de Jehová, y justicia del Dios de salvación. —SALMO 24:3-5

Éste es nuestro punto de destino, alpinista del Tercer Día. Cuando usted llegue a la cima de esta montaña, entrará en escena el Rey de gloria, buscando a aquéllos que estén dispuestos a vivir en su presencia. Después de dos días, nos revivirá; en el tercer día nos restaurará para que podamos vivir en su presencia.

Las mejores maderas se encuentran en las montañas más altas.

> *Subid al monte, y traed* **madera**, *y reedificad la casa; y pondré en ella mi voluntad, y seré glorificado, ha dicho Jehová.* —HAGEO 1:8

En el monte Calvario... en el Gólgota... en la mayor de

las montañas… se encuentra la cruz de Cristo. ¡Ha llegado el momento de descender con ella! Descienda con la cruz y exhíbala ante todos. Infiltre con ella el mundo entero.

LA CRUZ NO DEBE ESTAR EN EL MONTE; SU LUGAR ESTÁ EN LOS CORAZÓN DE LOS SERES HUMANOS DE TODO EL MUNDO.

¿Qué sucede cuando nosotros descendemos con la cruz? Que traemos con nosotros una interrupción divina de las circunstancias en el mundo natural. Las cosas que "no deberían suceder" suceden, debido a esa interrupción divina.

* **Sara no habría debido quedar encinta.**
* **El mar Rojo no se habría debido abrir.**
* **El Jordán no se habría debido detener.**
* **Las murallas de Jericó no habrían debido caer.**
* **Jonás no habría debido escapar del vientre del gran pez.**
* **Los jóvenes hebreos no habrían debido sobrevivir al fuego.**
* **Cristo no habría debido resucitar.**

¡Le tengo una noticia! Sara quedó encinta… tanto el mar Rojo como el Jordán se abrieron… las murallas de Jericó cayeron…**Jonás fue liberado de aquel gran pez… los jóvenes hebreos no se quemaron en el fuego…¡y Cristo ha resucitado!**

183

Usted no debería estar vivo ahora mismo. Debería estar en algún cuarto de hospital…en una esquina…en una celda de una prisión…en un callejón. Debería estar destrozado…destruido… sufriendo…pero no lo está. ¿Sabe por qué? Porque Dios interrumpió. Cuando Dios entró en escena, se produjo una interrupción divina. Alguien descendió con la cruz y la puso en el corazón de usted.

Éste es el momento de descender con la cruz.

Sin la cruz, carecemos de poder… sin la cruz nos vamos al infierno. Pero con la cruz, las puertas del infierno no prevalecerán… no podrán prevalecer contra usted. Con la cruz…

* **Usted puede seguir adelante.**
* **Usted ha sido perdonado.**
* **Usted ha sido liberado.**
* **Usted ha sido sanado.**

Cristo lo ha hecho todo. El infierno no fue fabricado para usted; usted no cabe en el infierno cuando lleva la cruz. La cruz no es símbolo de derrota… no es símbolo de tinieblas. Aunque la realidad de la cruz fue trágica, es lo mejor que ha sucedido desde el principio de los tiempos.

Jesucristo no fue derrotado en la cruz. El diablo no fue quien crucificó a Jesús; fue el propio Jesús el que se crucificó. Se convirtió en pecado cuando no conocía pecado.

> *Porque de tal manera amó Dios al mundo, que ha dado a su Hijo unigénito, para que todo aquel que en él cree, no se pierda, mas tenga vida eterna.*—JUAN 3:16

Usted ganó en la cruz. Gané yo también. El diablo fue el que perdió en la cruz. Lleve su cruz. En los dos primeros días pensábamos que estábamos llevando una cruz de victoria. En el tercer día entendemos que llevamos…

184

* **El instrumento con el que fue derrotado el diablo.**
* **La victoria definitiva sobre la muerte.**
* **La unción poderosa del Espíritu Santo.**
* **El don incalculable del perdón.**

* **El fundamento de nuestra fe.**
* **La evidencia de nuestra redención.**
* **El milagro de nuestra sanidad.**

El diablo lo tirará al suelo, pero la cruz lo levanta. Puedo pasar a la eternidad a causa de la cruz. Puedo entrar al cielo sin tocar el infierno.

En la cruz, la Palabra *Logos* se convirtió en carne *Rema*. Gracias a la cruz, Jesucristo fue crucificado como sacrificio y resucitado como alabanza, y volverá como adoración.

La cruz no fue algo privado; fue pública. La cruz no es para llevarla en privado, sino en público.

DESCIENDA CON LA CRUZ... ¡COMIENCE LA REVOLUCIÓN DE LA CRUZ! EL DIABLO PUEDE ATRAVESAR EL METAL, AUNQUE SEA ACERO O HIERRO, PERO NO PUEDE ATRAVESAR AQUELLA TOSCA CRUZ ANTIGUA. NO LO PUEDE DES-TROZAR A USTED.

* **Vladimir Lenin dijo que para el año 2000, el comunismo sería la religión del mundo.**
* **Hitler declaró que el Tercer Reich sería mayor que toda mentalidad de ayuda cristiana.**
* **Los Beatles declararon que ellos eran más populares que el Padre, el Hijo y el Espíritu Santo.**

185

Le tengo noticias. Lenin está muerto y Hitler también. Los Beatles no existen. ¡En cambio, Jesucristo sigue vivo en el tercer día!

DESCIENDA CON ELLA

Sin la presencia de Dios, no podemos sanar a los enfermos. No podemos mover montañas, ni caminar sobre el agua. Nuestras manos sólo son manos; nuestros pies sólo son pies, el ruido que hacemos en las iglesias sólo es ruido, y las iglesias mismas sólo son edificios y auditorios. En cambio, en la presencia de Jesús todo cambia. Con Jesús, podemos sanar a los enfermos en su nombre. Podemos mover montañas. Podemos caminar sobre el agua. Nuestras manos no son sólo manos, sino que son instrumentos de guerra. Nuestros pies no son sólo pies, sino que son instrumentos para poseer y aplastar.

> NUESTRAS MANOS NO SON SÓLO MANOS, SINO QUE SON INSTRUMENTOS DE GUERRA. NUESTROS PIES NO SON SÓLO PIES, SINO QUE SON INSTRUMENTOS PARA POSEER Y APLASTAR.

Descienda trayendo la presencia de Dios. Si el mundo se puede abrir paso hasta el infierno con sus maldiciones, nosotros nos podemos abrir paso hasta el cielo con nuestras alabanzas. Nosotros, los adoradores del Tercer Día, somos la gente más peligrosa del mundo. En el tercer día no necesitamos miembros; necesitamos adoradores… no necesitamos buscadores de cargos… necesitamos buscadores de la presencia… no necesitamos quienes adoren en el templo; necesitamos ejércitos de adoradores.

Descienda con la cruz. Descienda trayendo consigo al Dios viviente… al Dios que canta… al Dios que se regocija… al Dios que danza. Descienda trayendo el testimonio del alpinista del Tercer Día. Descienda trayendo el testimonio en medio de las escuelas secundarias y los colegios universitarios. Enséñeles a nuestros jóvenes a descender trayendo consigo el testimonio en medio de una clase de ciencias cuando el maestro comience a explicar la teoría evolucionista de Darwin. En el segundo día, muchos se habrían quedado callados. Sólo el que era lo suficientemente radical se atrevía a decir: "Yo no creo en la evolución".

Ahora, en el tercer día, van a llevar esto un paso más lejos. Los locos de Jesús del Tercer Día… los adoradores del Tercer Día… los alpinistas del Tercer Día van a afirmar: "Nosotros también creemos en la evolución".

Cuando el maestro les conteste: "¿Qué quiere decir con eso de que *ustedes* también creen en la evolución?", van a dar testimonio: "Pero no en su evolución. No creemos que hubo un tiempo en que éramos amebas que se volvieron paramecios… después renacuajos… después ranas… después lagartos… después caimanes… después se volvieron chimpancés… después vino el Homo Erectus, y aquí estamos nosotros hoy.

No; nosotros creemos en otro tipo de evolución. Creemos que hubo un tiempo en que éramos pecadores, pero ahora somos santos. Creemos en la evolución divina. Nosotros estábamos perdidos, pero hemos sido hallados. Estábamos ciegos, pero ahora vemos. Creemos en un cambio divino… en una transformación divina; ¡creemos en la santa evolución del Tercer Día!

Creemos que todo pecador se puede convertir en santo cuando experimenta el poder redentor de Jesucristo. Descienda con este testimonio a las escuelas, los hogares, los vecindarios, los colegios universitarios y las iglesias. Descienda trayendo su gloria; traiga consigo su unción.

DESPIÉRTELO; AGÍTELO; AVÍVELO

Después de descender, necesitamos despertar, agitar, avivar. La misma palabra, traducida de estas formas, aparece en Hageo 1, Juan 5 y 2 Timoteo 1:

> *Y despertó Jehová el espíritu de Zorobabel.*—HAGEO 1:14

*Señor, le respondió el enfermo, no tengo
quien me meta en el estanque cuando se
agita el agua…—Juan 5:7*

*Por lo cual te aconsejo que avives el fuego
del don de Dios…—2 Timoteo 1:6*

¿Qué significa "agitar"? Significa tomar cosas que están en el fondo y llevarlas hacia arriba. Amigo, usted y yo solíamos estar en el fondo, pero Dios nos ha llamado a estar arriba. Dios nos dio la vuelta; nos sacó del fondo del infierno y nos trajo arriba, a su gloria.

Los grandes cocineros usan cucharas de madera para conservar el sabor de los ingredientes que usan en sus recetas. Hace dos mil años, Jesús murió en una cruz de madera para poder volcar su vida en la nuestra y agitar la grandeza que hay dentro de nosotros. No basta con limitarse a meter la cuchara en el caldero; hay que agitar los ingredientes… mover las cosas. Movemos las cosas en nuestra vida a base de regocijarnos. Cuando nosotros nos movemos con Dios, entonces Él mueve en nuestra vida las cosas que necesitan un cambio. Las cosas se agitan… es posible que tengamos miembros de nuestra familia que se encuentran en el fondo del infierno, pero Dios los puede agitar hasta ponerlos en el cielo.

LO SOBRENATURAL DEL TERCER DÍA

Hace poco escuché el relato de un suceso sobrenatural reciente del tercer día en Lubbock, Texas.

Una dama que asistió a nuestra conferencia en Dallas, donde yo ministré sobre el tercer día, tuvo un accidente de automóvil en Lubbock, Texas. Su hijo, que estaba en el auto, sufrió heridas graves y se hallaba en estado de coma en un cuarto del hospital. Sin em-

bargo, la madre recordó las palabras que habíamos dicho acerca de regocijarnos. Recordó la enseñanza acerca de la espada que giraba alrededor del huerto del Edén, y de la necesidad que tenemos de proclamar nuestras bendiciones hacia el norte, el sur, el este y el oeste. Ella sabía que Dios se regocija sobre nosotros, gira sobre nosotros, y que nosotros giramos debajo de Él.

Allí sentada, en el cuarto de su hijo en el hospital, comenzó a regocijarse. Aunque los médicos le habían dicho que su hijo podría morir, y que si vivía no quedaba duda de que permanecería en estado vegetativo e incapacitado para toda la vida, se regocijó. Al tercer día de su estancia en el hospital, el niño se despertó totalmente sanado, sin que le quedara ninguna lesión permanente.

Regocíjese; de nuevo se lo digo: regocíjese. Regocijarse es sinónimo de agitar.

SACUDA

Dios está sacudiendo a la nación. Está sacudiendo al alpinista del Tercer Día; al loco de Jesús del Tercer Día, **al adorador del Tercer Día. Ciertamente, va a sacudir a las naciones.** La llegada de los locos de Jesús del Tercer Día va a sacudir a las naciones como nunca antes. Las naciones son sacudidas en estos momentos por el poder de la gloria de Dios. El adorador del Tercer Día es la gloria de Cristo Jesús.

> *La gloria postrera de esta casa será mayor que la primera, ha dicho Jehová de los ejércitos; y daré paz en este lugar, dice Jehová de los ejércitos.*—HAGEO 2:9

Cristo es la gloria de Dios; la Iglesia es la gloria de Jesús.

Nosotros tenemos que descender con la gloria de Dios a nuestro mundo. Lo debemos agitar y sacudir.

EN EL SEGUNDO DÍA ÉRAMOS MOVEDORES DE MONTAÑAS; EN EL TERCER DÍA SOMOS ESCALADORES DE MONTAÑAS.

Necesitamos sacudir sobre él su unción… su victoria… su verdad. Sacuda sobre él este mensaje del tercer día; el mensaje de que Jesucristo es Señor y de que no hay otro más que Él.

Le estoy hablando a usted, amigo mío. Le estoy hablando a usted, compañero de alpinismo del Tercer Día. Escale la montaña, descienda con la cruz, agítela y sacúdela. Escale esa situación que tiene delante. Usted tiene que tomar la decisión de escalarla hasta la victoria en este tercer día.

En el segundo día, todo lo que hacíamos era mover montañas. Algunas de esas montañas no eran para que las moviéramos, sino para que las escaláramos.

DIOS BUSCA A LOS QUE NO TRATAN DE SACAR DE SU CAMINO LAS CIRCUNSTANCIAS, BUSCA A LOS QUE ESCALAN POR ENCIMA DE ELLAS Y LAS DOMINAN.

En la cima de cada montaña nos espera una bendición. Más importante aún: el que bendice nos espera en el monte Sión. Escale; escale. Ejercite las rodillas; abra los pulmones, porque el aire se irá volviendo más fino mientras más alto vaya. Su carne se volverá cada vez más débil en el aire sagrado, cada vez más fino, pero la presencia de Dios aumentará su fortaleza espiritual.

190

Escale, escale, escale. Consiga su bendición. Descienda con ella. Agite a su familia…su vecindario…su iglesia…su comunidad…su ministerio…su unción. Agítelos. **Después, vuelva a subir. Nosotros vamos de una cima a un valle y de ahí a otra cima. Ya no movemos las montañas: las escalamos.**

En el tercer día, Dios no está buscando movedores de montañas. Está buscando escaladores de montañas.

No se limite a mover su problema: domínelo. Declare la victoria sobre él. ¿Es usted un movedor de montañas del segundo día, o un alpinista del Tercero?

¿Eres un cristiano del tercer día?

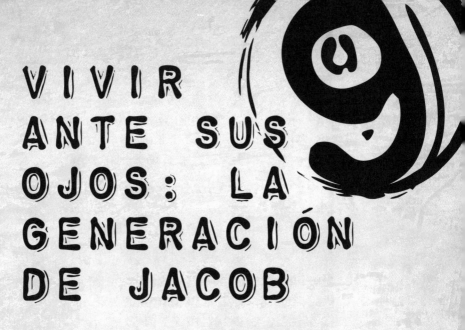

VIVIR ANTE SUS OJOS: LA GENERACIÓN DE JACOB

Vivir ante sus ojos; *vivir en su presencia*; **vivir en su gloria**. Imaginable para la mente humana, deseable para el espíritu humano y destino para el cántico del tercer día. Vivir ante sus ojos.

> *Nos dará vida después de dos días; en el tercer día nos resucitará, y viviremos delante de él.* —Oseas 6:2

Vivir ante sus ojos es vivir en su presencia. No sólo *delante* de su presencia, sino *en ella*.

* **Como si de alguna forma pudiéramos entrar en ella.**

* **Como si de alguna forma, el velo se hubiera roto realmente.**

* **Como si de alguna forma perdiéramos nuestra carne, nuestra caparazón, y pudiéramos entrar en Él.**

¡Qué perspectiva tan increíble: vivir en su presencia! No podemos negar que esto es lo que añora nuestra alma.

Los cristianos del segundo día lo visitaban, pero los del

EL DESTINO DEL ADORADOR DEL TERCER DÍA CONSISTE EN VIVIR EN LA PRESENCIA DE DIOS.

Tercer Día van a vivir en su presencia. Cada segundo de cada minuto… cada minuto de cada hora… cada hora de cada día… por toda la eternidad.

La generación de Jacob va a vivir en su presencia. Y usted preguntará "¿Por qué Jacob?" Porque la generación del Tercer Día es la generación de Jacob.

* **Abraham fue la primera generación de la fe.**
* **Isaac fue la segunda generación.**
* **La tercera generación de la fe es la generación de Jacob.**

Jacob significa "engañador". Esta generación va a engañar de nuevo. La generación del Tercer Día. Los que somos como Jacob en el tercer día, y que vivimos en su presencia, vamos a engañar. ¿A quién vamos a engañar? ¡Vamos a engañar al enemigo!

* **Cuando el enemigo se crea que nos ha tirado al suelo, nos levantaremos con una gran unción para destruir todas sus obras y su reino.**

* **Cuando el diablo se crea que usted ha quedado destruido, usted se va a levantar.**

* **Cuando el diablo se crea que todo ha terminado para usted, entonces es cuando usted estará a punto de comenzar.**

* **Cuando el diablo se crea que usted nunca va a poder triunfar, usted va a conquistar mundos y naciones para Jesús.**

194

Cuando el diablo se crea que usted nunca va a ser capaz de orar como oraba antes, usted le va a decir: "Tienes razón. No voy a orar como oraba antes. Voy a orar con la unción del Tercer Día, y bajo esa unción… con un espíritu profético del tercer día… por medio de la Palabra, con la Palabra y por la Palabra." Vamos a hacer cosa grandes en el nombre de Jesús.

Los que somos como Jacob en el tercer día vamos a engañar al enemigo. Cuando él crea que estamos saliendo, estaremos entrando. La columna de fuego y la de nube provocaron una confusión en el Éxodo. Era el método de Dios para confundir al enemigo. Cuando el enemigo buscaba al pueblo de Dios en las tinieblas, el pueblo estaba en la luz. Cuando el enemigo lo buscaba en la luz, estaba bajo el fuego.

> POR SER ADORADOR DEL TERCER DÍA, USTED FORMA PARTE DE LA GENERACIÓN DE JACOB. HA SIDO LLAMADO PARA VIVIR EN SU PRESENCIA EN ESTA HORA.

¿Comprende esto? Significa que el enemigo nunca los podía encontrar, porque siempre estaba en el lugar equivocado y en el momento que no era. Comprenda que nosotros vamos a engañar al enemigo. ¡Nos ha llegado la hora de engañar al enemigo!

Cuando el enemigo crea que vamos a estar administrando las cosas, estaremos en la santa presencia de Dios. Cuando el enemigo crea que vamos a levantar nuestra propia plataforma, vamos a levantar una plataforma para Dios y quitarnos del camino. Cuando el enemigo crea que vamos a descender, sí vamos a descender, pero para recoger sus llaves, a fin de aniquilar su reino. Grite conmigo…

* "Esto no se va a acabar hasta que yo gane."
* "Esto no se va a acabar hasta que yo tenga la victoria definitiva."
* "Esto no se va a acabar hasta que la última batalla sea mía."

El enemigo nos ha tirado al suelo una y otra vez. En el segundo día, el enemigo tira a alguien al suelo, y se queda en el suelo. En cambio, en el tercer día, cuando el enemigo nos tumbe, nos volveremos a levantar. Aunque hayamos sido...

✳ **Heridos**
✳ **Llagados**
✳ **Lastimados**
✳ **Aunque nos haya hecho sangrar**

Usted se va a volver a levantar. Cuando el enemigo lo haya tirado al suelo y se comience a alejar, usted lo va a llamar para decirle: "¿Dónde te crees que vas? Vuelve aquí. Esto no se va a acabar hasta que yo gane." No se va a acabar hasta que usted gane, amigo mío. No se va a acabar hasta que Dios diga que se acabe, y Dios le está diciendo que su momento está a punto de comenzar ahora mismo.

> UN SOLO SONIDO PROCEDENTE DEL CORDERO VENCIÓ A LOS TRES SONIDOS DEL GALLO AL CANTAR.

HA LLEGADO LA HORA PROFÉTICA

Mujer de Dios... hombre de Dios... joven del Señor: ¡Ya es hora de que se levante, y que no se acabe hasta que gane usted!

Pedro pensaba que todo había terminado cuando el gallo cantó tres veces. Pero el Cordero habló una.

El Cordero dijo: "¡Todo está consumado! No me importa que haya cantado el gallo... no me importa lo que haya dicho el diablo. No me importa que lo aya dicho tres veces." El Cordero habló una sola vez, *y Dios dijo: "¡Todo ha terminado!"*

El sacrificio está consumado; ya es hora de que usted se levante, porque somos la generación de Jacob.

* **Somos los grandes engañadores.**
* **Somos los que vamos a engañar al enemigo.**
* **Somos lo silenciosos que, a pesar de esto, gritamos.**
* **Somos los tímidos que no tenemos miedo.**
* **Somos los humildes que a pesar de esto somos sacerdotes y reyes.**
* **Somos los grandes enigmas del tercer día.**

Reflexionemos sobre estos versículos:

Así se quedó Jacob solo; y luchó con él un varón hasta que rayaba el alba. Y cuando el varón vio que no podía con él, tocó en el sitio del encaje de su muslo, y se descoyuntó el muslo de Jacob mientras con él luchaba. Y dijo: Déjame, porque raya el alba.

Y Jacob le respondió: No te dejaré, si no me bendices.

Y el varón le dijo: ¿Cuál es tu nombre?

Y él respondió: Jacob

Y el varón le dijo: No se dirá más tu nombre Jacob, sino Israel; porque has luchado con Dios y con los hombres, y has vencido.

Entonces Jacob le preguntó, y dijo: Declárame ahora tu nombre.

Y el varón respondió: ¿Por qué me preguntas por mi nombre? Y lo bendijo allí.

Y llamó Jacob el nombre de aquel lugar, Peniel; porque dijo: Vi a Dios cara a cara, y fue librada mi alma. Y cuando había pasado Peniel, le salió el sol; y cojeaba de su cadera.

—Génesis 32:24-31

197

LOS PRINCIPIOS DE LA GENERACIÓN DE JACOB

El relato de la lucha sostenida por Jacob que aparece en

las Escrituras revela unos principios que son importantes para la generación de Jacob del Tercer Día. Veamos más de cerca algunos de estos principios:

LUCHAR ANTES DE PELEAR

Jacob luchó con Dios. Antes de pelear con el diablo, debemos luchar primero con Dios. El diablo ha derrotado al muchos en los dos primeros días, porque nunca lucharon primero con Dios. Cuando luchamos con Dios, no lo derrotamos. Él es quien nos derrota a nosotros. Una vez que estemos derrotados en Dios y somos consumidos por su presencia, su poder y su unción, estaremos preparados para salir fuera de Dios para enfrentarnos al enemigo y derrotarlo. Si hemos luchado con Dios primero, entonces, cuando lleguemos al campamento enemigo para pelear con él, le tenemos que decir: "Te puedo derrotar, porque he luchado con Dios, he recibido mi bendición, y tengo el poder y la unción necesarios para derrotarte".

EL ABANDONO DEL TERCER DÍA

Así se quedó Jacob solo...—Genesis 32:24

Habían dejado solo a Jacob. Usted nunca va a recibir la unción de Jacob del tercer día con su cojera, su escalera, su nombre y su nación, hasta que lo dejen solo. Lleva demasiado tiempo rodeado.

198

* Ha estado demasiado tiempo rodeado por la gente.
* Ha tenido durante demasiado tiempo acceso a las cosas en las que ha puesto su seguridad.
* Ha recibido durante demasiado tiempo el reconocimiento y la aprobación de quienes lo rodean.

Nunca lo han dejado solo. Por eso Dios se asegura de

que en el tercer día llegue un momento en el que lo dejen solo. Le hablo proféticamente a usted, amigo; a su alrededor hay quienes lo van a dejar y lo van a abandonar.

COMPRENDA QUE CADA VEZ QUE EL MUNDO LO DEJE, DIOS LO RECOGERÁ.

Cuando sea su madre quien lo deje, Dios será quien lo consolará. Cuando sea su padre, Dios proveerá. Cuando todos lo abandonen, el Señor lo recogerá.

> *Aunque mi padre y mi madre me dejaran, con todo, Jehová me recogerá.* —Salmo 27:10

SE LEVANTA EL ALBA DEL TERCER DÍA

> *Y luchó con él un varón hasta que rayaba el alba.*—Genesis 32:24

Jacob y su contrincante lucharon hasta rayar el alba. **Debemos entender que "a la mañana vendrá la alegría " (Salmo 30:5).** Aunque su vida se halle en una tiniebla total, el sol está a punto de levantarse en el horizonte. Tal vez no haya ni una estrella en el cielo, pero hay una en su corazón. En medio de sus tinieblas, hay una luz. **Éste es su día de regocijo... su alegría viene en la mañana. Es un gozo inexplicable. El Reino de Dios no es comida ni bebida; es justicia, paz y gozo en el Espíritu Santo.**

199

> *Porque el reino de Dios no es comida ni bebida, sino justicia, paz y gozo en el Espíritu Santo.*—Romanos 14:17

LA PERSEVERANCIA DEL TERCER DÍA

Y cuando el varón vio que no podía con él, tocó en el sitio del encaje de su muslo, y se descoyuntó el muslo de Jacob mientras con él luchaba.—Génesis 32:25

Jacob ya estaba herido, pero siguió luchando.

✱ **Aunque esté herido, tiene que seguir alabando.**
✱ **Aunque esté caído, tiene que seguir corriendo.**
✱ **Aunque esté triste, tiene que seguir sonriendo.**
✱ **No se detenga. No se dé por vencido. El que venza recibirá un nombre nuevo.**

El que tiene oído, oiga lo que el Espíritu dice a las iglesias. Al que venciere, daré a comer del maná escondido, y le daré una piedrecita blanca, y en la piedrecita escrito un nombre nuevo, el cual ninguno conoce sino aquel que lo recibe.—Apocalipsis 2:17

Dios le da a la generación de Jacob del Tercer Día un nuevo nombre… una nueva identidad. Este nombre está reservado para todos los que venzan. Siga peleando. No se detenga. No se dé por vencido. No se retire de la pelea.

200 LA FIRMEZA DEL TERCER DÍA

Y dijo: Déjame, porque raya el alba. Y Jacob le respondió: No te dejaré, si no me bendices.—Génesis 32:26

El contrincante de Jacob dijo: "Déjame ir". Pero Jacob le contestó: "No voy a parar hasta que me bendigas".

* No voy a parar de alabarte hasta que me bendigas.
* No voy a parar de ayunar, orar y buscarte hasta que me bendigas.
* No voy a parar de hacer nada hasta que me bendigas.

¿Por qué no paramos? Porque queremos que Dios nos bendiga en todo tiempo. Le debemos decir a Dios:

* Voy a seguirte alabando.
* Voy a seguirte adorando.
* Voy a seguir orando.
* Voy a seguir comiendo tu Palabra, viviendo tu Palabra, ejercitando tu Palabra y ejecutando tu Palabra.

¡Necesitamos de firmeza del tercer día! Le tenemos que gritar a Dios: "No; no te voy a dejar ir hasta que me bendigas". En el tercer día no nos podemos soltar de Dios. Podemos soltar todo lo demás, pero a Dios no.

El enemigo nunca lo va a poder apartar del Espíritu Santo. Nunca lo va a poder apartara de su Jesús. Sin embargo, tiene poder para destruir las cosas de su vida. Puede herir y dañar las cosas que hay en su vida.

* Tal vez le quite su iglesia.
* Tal vez le quite su ministerio.
* Tal vez le quite su fama y su popularidad.
* Tal vez le quite su auto y su casa.
* Tal vez le quite incluso un miembro de su familia.

201

Pero hay algunas cosas que el diablo nunca le podrá quitar.

✱ **No le puede quitar a su Jesús.**
✱ **No le puede quitar al Espíritu Santo.**
✱ **No le puede quitar la unción de Dios sobre su vida.**
✱ **No le puede quitar las cosas eternas y divinas.**

Usted es un Jacob; un miembro de la generación de Jacob. Representa a la generación del Tercer Día. Posee las características de la generación de Jacob.

LA REALEZA DEL TERCER DÍA

> *Y el varón le dijo: No se dirá más*
> *tu nombre Jacob, sino Israel; porque*
> *has luchado con Dios y con los hombres,*
> *y has vencido.*—GENESIS 32:28

En este principio, el ángel dice que usted es un príncipe. Dios lo está llamando príncipe. Ha llegado el momento de que se levante como rey del tercer día. Levántese; ha llegado el momento de que usted sea levantado para vivir en su presencia como rey del Tercer Día.

✱ **Deje de seguir a este mundo.**
✱ **Comience a reinar ahora mismo.**
✱ **Gobierne y reine en el nombre de Jesús.**

202

Ha llegado a su vida un momento de poder, ascenso y posesión. Ha llegado su hora. Jacob, es hora de levantarse. Usted tiene poder con Dios y con los hombres. El Señor le está diciendo que en la unción del tercer día tendremos poder, tanto con Él como con los hombres.

LAS CUATRO BENDICIONES QUE RECIBIÓ JACOB

La generación de Jacob es la única que vivirá ante su

vista. Hay cuatro cosas que Dios le dio a Jacob. Esas cuatro cosas existen ahora mismo, en el tercer día. Mientras usted lee este libro, Dios le está dando cuatro unciones poderosas; cuatro derramamientos poderosos. Equivalen a las cuatro cosas que Dios le dio a Jacob.

✳ **Una cojera — la cicatriz de la bendición**
✳ **Una escalera — la visión**
✳ **Un nombre — la identidad**
✳ **Una nación — el lugar de destino**

La cojera *se identifica* con la cicatriz de la bendición, la escalera *enriquece* la visión, el nombre *nos da autoridad* por medio de nuestra identidad, y la nación *nos engrandece* por medio de nuestro destino.

Es Dios quien se identifica con nuestra generación, le da autoridad, la enriquece y la engrandece. Dios se identifica con usted, le da autoridad, lo enriquece y lo engrandece a usted en estos mismos momentos. Dios le da una cojera, una escalera, un nombre y una nación.

LA COJERA

Levántese, Jacob; ha llegado su tercer día. Usted ha peleado con Dios; ha luchado con Él y ha ganado. Cuando Jacob luchó con Dios, le quedaron una bendición *y una cicatriz.* Hay cicatrices buenas, que nos emocionan y nos inspiran. Hay bendiciones, bendiciones buenas que nos emocionan. Las bendiciones de los dos primeros días nos emocionan y nos hacen gritar, gesticular, sacudirnos y danzar. En cambio, las bendiciones del tercer día dejan una cicatriz.

203

Usted necesita en su vida una bendición del tercer día. Esa bendición del tercer día le va a dejar una cicatriz, pero esa cicatriz es la marca de Jesús.

De aquí en adelante nadie me cause molestias; porque yo traigo en mi cuerpo las marcas del Señor Jesús.—GÁLATAS 6:17

Cuando uno lucha con Dios, sale de esa lucha herido, llevando las marcas de Cristo. Pero con las heridas de Cristo, estamos completos ante el enemigo.

Con la herida del Señor sobre su vida, usted puede ejercitar una unción al estilo de la de Jacob. Usted posee la cicatriz de la bendición del tercer día. La cojera es esa cicatriz de la bendición. A los que le pregunten acerca de esa cojera, les puede decir: "Es que luché con Dios. El diablo no me estropeó. Él no puede estropearme. Luché con Dios, y gané."

> **CUANDO ESTAMOS HERIDOS CON CRISTO, ESTAMOS COMPLETOS ANTE EL ENEMIGO.**

Necesitamos cambiar de manera de pensar… dejar la mentalidad de víctimas que les echa la culpa de todo a las experiencias del pasado. Convierta en combustible todo eso del pasado y alimente sus motores ahora, en el presente y en el futuro. Dígales a las personas con las que se encuentre: "Todas esas tragedias por las que pasé… todos esos días que lloré… todo mi sufrimiento… esas cosas son mis cicatrices de bendición. Esas cicatrices significan que luché con Dios, y gané. Tengo la bendición de ser un miembro del Tercer Día en la generación de Jacob. Soy un hijo del Señor bendecido, que golpeo el suelo con los pies, grito con la garganta, estoy lavado en la sangre, soy salvo, santificado y lleno del Espíritu Santo. Canto un cántico de loco de Jesús del Tercer Día apostólico, profético, atador y aplastador de demonios. Soy miembro de la generación de Jacob del Tercer Día.

204

✳ **Cojeo como Jacob.**
✳ **Soy la cojera de Jacob.**

✳ **Llevo la cojera de Jacob.**

Tengo una cicatriz de bendición que nadie me va a poder quitar. En el tercer día, usted va a vivir ante sus ojos, y cuando Él le muestre sus cicatrices, usted le mostrará a Él las suyas. Entonces le dirá: "Dios mío, yo sé que tienes cicatrices. Ahora, déjame enseñarte la cicatriz que tengo yo: ¡Soy como tú!"

Enséñame tus cicatrices, y yo te voy a enseñar la mía.

✳ **Enséñame tus heridas de guerra, y yo te voy a enseñar la mía.**

✳ **Enséñame tus medallas, y yo te voy a enseñar la mía.**

LA ESCALERA

Y soñó: y he aquí una escalera que estaba apoyada en tierra, y su extremo tocaba en el cielo; y he aquí ángeles de Dios que subían y descendían por ella. Y he aquí, Jehová estaba en lo alto de ella, el cual dijo: Yo soy Jehová, el Dios de Abraham tu padre, y el Dios de Isaac; la tierra en que estás acostado te la daré a ti y a tu descendencia. Será tu descendencia como el polvo de la tierra, y te extenderás al occidente, al oriente, al norte y al sur; y todas las familias de la tierra serán benditas en ti y en tu simiente. He aquí, yo estoy contigo, y te guardaré por dondequiera que fueres, y volveré a traerte a esta tierra; porque no te dejaré hasta que haya hecho lo que te he dicho.

205

Y despertó Jacob de su sueño, y dijo: Ciertamente Jehová está en este lugar, y yo no lo sabía. Y tuvo miedo, y dijo: ¡Cuán terrible es este lugar! No es otra cosa que casa de Dios, y puerta del cielo. Y se levantó Jacob de mañana, y tomó la piedra que había puesto de cabecera, y la alzó por señal, y derramó aceite encima de ella. Y llamó el nombre de aquel lugar Bet-el, aunque Luz era el nombre de la ciudad primero. E hizo Jacob voto, diciendo: Si fuere Dios conmigo, y me guardare en este viaje en que voy, y me diere pan para comer y vestido para vestir, y si volviere en paz a casa de mi padre, Jehová será mi Dios. Y esta piedra que he puesto por señal, será casa de Dios; y de todo lo que me dieres, el diezmo apartaré para ti.

—GÉNESIS 28:12-22

La escalera habla de *visión*. Esto es lo que Dios le da a la generación de Jacob del Tercer Día. Tenemos una visión como nunca antes la ha tenido nadie. Dios nos ha dado la escalera de la visión.

¿No ha podido comprender por completo el destino que Dios tiene para usted? ¿Ha sido incapaz de ver más adelante en su vida? Necesita usar la escalera para salir de esa circunstancia. Necesita…

* **Salir de su desesperación.**
* **Salir de su soledad.**
* **Salir de su depresión.**
* **Salir del segundo día para subir al tercero.**

Jacob estaba acostado sobre la piedra cuando vio una escalera, y ángeles que subían y bajaban por ella. Los ángeles están bajando con sus bendiciones. En la parte superior de la escalera, vio la gloria de Dios. Ha llegado el momento de que usted ponga la cabeza sobre esa piedra y capte la visión de la escalera.

SE USAN LAS ESCALERAS PARA SALIR DE LAS SITUACIONES. USE SU ESCALERA DE JACOB PARA SALIR DE SU ANGUSTIA Y SU DESESPERACIÓN.

206

La piedra es un lugar incómodo. Aunque Jacob habría podido poner la cabeza en la arena, la puso sobre la piedra. El cristianismo es incómodo. El tercer día va a ser incómodo para muchos, porque exige que pongamos la cabeza sobre la piedra.

En un capítulo anterior hablamos de escalar la montaña y pararnos sobre la roca. En cambio aquí, ¿dónde se apoyó Jacob? ¿Dónde se apoya usted? Usted se apoya en la roca. Pone la cabeza sobre Jesús, la roca sobrenatural. Cuando usted pone la cabeza sobre Jesús, a la carne se le hace incómodo. Pero es allí donde veremos la escalera. La única manera de ver la escalera es descansar sobre la roca. Allí es donde usted recibirá la visión.

Ha llegado su hora... su momento... para subir al monte santo de Dios usando la escalera de Jacob. Suba hasta su presencia... suba hasta su gloria... suba hasta el aposento alto... suba hasta la plenitud de todo aquello que Él tiene predestinado para usted. **Ahora mismo, suba hasta su promesa... suba hasta su ascenso... suba hasta su posición... suba para entrar en su posesión. Use la escalera en el nombre de Jesús.**

EL NOMBRE

> *Entonces Jacob le preguntó, y dijo:*
> *Declárame ahora tu nombre. Y el varón*
> *respondió: ¿Por qué me preguntas por mi*
> *nombre? Y lo bendijo allí.* —GÉNESIS 32:29

207

El nombre del tercer día no es otro que el nombre de Jesús. Jacob le preguntó su nombre a su contrincante. Aunque el ángel no le dio su nombre, él pasó a una revelación del tercer día. Jacob iba por delante de sí mismo; no comprendía lo importante que era aquella pregunta, pero recibió los beneficios de ese nombre, sólo por haberlo preguntado.

Jacob no estaba preguntando un nombre cualquiera. Estaba preguntando por el nombre que está sobre todo nombre. El nombre ante el cual se inclinará toda rodilla y confesará toda lengua. **El único nombre dado al hombre por medio del cual viene la salvación a toda la humanidad. El nombre que es excelente y majestuoso. ¡Quería saber EL NOMBRE!**

El nombre del Señor es una torre fuerte hacia la cual corre el justo (Proverbios 18:10). Es un nombre que está por encima de todos los demás nombres. Jacob quería saber ese nombre, pero aún no lo podía conocer; no había llegado su hora.

En cambio, nosotros tenemos el nombre que Jacob no pudo recibir. Tenemos el nombre que a Jacob no se le permitió oír. **Tenemos el nombre; no sólo oímos el nombre, sino que lo tenemos escrito en el corazón. Es el nombre de Jesucristo.**

Jacob recibió una bendición, sólo por haber preguntado ese nombre. ¿Comprende que en el mismo momento en que pregunte usted por ese nombre, Él lo va a bendecir? Su nombre será llamado "Admirable, Consejero, Dios Fuerte, Padre Eterno, Príncipe de Paz" (Isaías 9:6).

Si usted conoce su nombre, Él conoce el suyo.

208

- ✳ Usted lo llama *Padre*, Él lo llama *Hijo*.
- ✳ Usted lo llama *Rey*, Él lo llama *Príncipe*.
- ✳ Usted lo llama *Salvador*, Él lo llama *Santo*.
- ✳ Usted lo llama *Sanador*, Él lo llama *Sanado*.
- ✳ Usted lo llama *Liberador*, Él lo llama *Liberado*.

Él lo llama hijo de Dios. Así como bendijo a Jacob cuando éste le preguntó su nombre, cuando usted se lo pregunte, lo va a bendecir allí mismo.

✱ **Allí mismo en su dolor, Él lo va a bendecir.**

✱ **Allí mismo en su infierno, Dios lo está bendiciendo.**

✱ **Allí mismo en su sufrimiento, Dios lo está bendiciendo.**

✱ **Allí mismo en sus circunstancias, Dios lo está bendiciendo.**

✱ **Allí mismo en sus luchas, en su guerra, Dios lo está bendiciendo.**

Dios le cambió el nombre a Jacob por el de Israel. También le quiere cambiar a usted el nombre, de…

✱ **Derrota a victoria**
✱ **Infierno a cielo**
✱ **Desesperación a esperanza**
✱ **Vacío a plenitud**
✱ **Tinieblas a luz**
✱ **Soso a sazonado**

Cuando usted luche con Dios, su nombre le será cambiado por el de Israel. Dios es el Dios de Israel. Es su Dios. Dios tiene muchos nombres:

✱ *Jehová-yiré*— el Señor nuestro proveedor
✱ *Jehová-nissí*—el Señor nuestro estandarte
✱ *Jehová-rafeká*—el Señor nuestro sanador
✱ *Jehová-shammá*—el Señor está presente
✱ *Adonai* — el Señor
✱ *El Shaddai* — el Dios todopoderoso
✱ *El gran YO SOY*

Pero usted también tiene un nombre en el tercer día. Usted forma parte de una generación escogida. Usted es…

* **Columna de hierro**
* **Muro de bronce**
* **Pueblo escogido**
* **Sacerdocio real**
* **Nación santa**
* **Pueblo que le pertenece a Dios**
* **Templo del Espíritu Santo**
* **Sal de la tierra**
* **Luz del mundo**
* **Ciudad fortificada**
* **Ciudad sobre la colina**

Usted es todas esas cosas, y más. Es príncipe. Es rey. Forma parte de un sacerdocio santo. En el tercer día, su nombre cambia. Cambia su identidad.

LA NACIÓN

Dios le dijo a Jacob: "Ahora te entrego las naciones". Amigo, Dios le da un destino. La unción del tercer día exhibe y ejecuta el dominio mundial. La Iglesia del Tercer Día utiliza la tecnología y la ciencia para impactar todo el espectro del planeta.

* **Dios le entrega su familia.**
* **Dios le entrega su vecindario.**
* **Dios le entrega su comunidad.**
* **Dios le entrega su ciudad.**
* **Dios le entrega su estado.**
* **Dios le entrega su provincia.**
* **Dios le entrega su región.**
* **Dios le entrega su nación.**
* **Dios le entrega el mundo.**

Levántese, Jacob, levántese. Quiero hacer aquí una observación especial: el espíritu de Jacob es un espíritu juvenil, *que no tiene nada que ver con la edad.* Dios nos está rejuveneciendo a fin de prepararnos para que caminemos cojeando, subamos la escalera, actuemos de acuerdo a nuestro nombre nuevo y declaremos nuestra victoria sobre las naciones.

EN LA IGLESIA HAY MUCHAS COSAS MUERTAS QUE HACE FALTA SACAR Y SEPULTAR.

Dios está poniendo dentro de cada adorador del Tercer Día una unción juvenil, cualquiera que sea nuestra edad. Nos asigna características que se van a hacer evidentes en nuestra vida como consecuencia de esta unción de juventud espiritual. Esto es lo que dice de nosotros:

Levantarán alas como las águilas.—Isaías 40:31

Amigo mío, usted es un águila; no una gallina. Tenemos que levantarnos sobre alas de águila, y ver con vista de águila. Vamos a ver las cosas a gran distancia en el futuro. Vamos a ver proféticamente.

Vuestros hijos y vuestras hijas profetizarán; vuestros jóvenes verán visiones.—Hechos 2:17

Para ver las cosas que no se han visto nunca antes, hace falta vista de águila.

Con nuestra unción, también seremos fortalecidos para sacar a los muertos:

211

Al instante ella cayó a los pies de él, y expiró; y cuando entraron los jóvenes, la hallaron muerta; y la sacaron, y la sepultaron junto a su marido.—Hechos 5:10

Cuando Ananías y Safira le mintieron al Espíritu Santo, cayeron muertos. Entonces llamaron a los jóvenes para que sacaran a los muertos. Amigos, el cristiano del Tercer

Día va a sacar a los muertos. Los que han recibido una unción de espíritu juvenil van a sacar a los muertos: la alabanza muerta, la adoración muerta, la predicación muerta, la enseñanza muerta, la religión muerta y las tradiciones de hombre muertas. Hace falta sepultar todas esas cosas.

La generación de Jacob también va a aplastar a Satanás en el poder de Dios:

> *Os escribo a vosotros, jóvenes, porque habéis vencido al maligno.* —1 JUAN 2:13

> *Señor, aun los demonios se nos sujetan en tu nombre… He aquí os doy potestad de hollar serpientes y escorpiones, y sobre toda fuerza del enemigo, y nada os* —LUCAS 10:17, 19

Nosotros somos la generación de Jacob. Tenemos la cojera, la escalera, el nombre y la nación. Vivimos ante su vista. Y nos levantaremos ante su vista. Levántate, generación de Jacob del Tercer Día. Que el mundo vea tu cojera, tu escalera, tu nombre y tu nación.

¿Eres un cristiano del tercer día?

VIVIR ANTE SUS OJOS: LOS INSTRUMENTOS DE CAMBIO DEL TERCER DÍA

Cambio, *cambio*, **cambio**. En toda empresa humana que valga la pena, se requiere una visión espiritual mayor, la cual constituye el marco teórico dentro del cual la persona se enfrenta a todas las situaciones concretas, a fin de tomar decisiones trascendentales.

A fin de cuentas, es esta visión espiritual más grande la que dicta el paradigma que creamos como cristianos. Dentro de ese paradigma teórico, las situaciones y los resultados no satisfactorios provocan la necesidad de un cambio. En el pasado, todo cambio dentro del foro cristiano era sinónimo de reforma o de avivamiento. En cambio, en los últimos años del siglo XX, y ahora, a principios del XXI, ha surgido una nueva fraseología, junto con un proceso de cambio correspondiente, que se distinguen de todos los esfuerzos de reforma anteriores.

El paso al tercer día exige que todas las partes del sistema cristiano lleno del Espíritu cambie, comenzando por los creyentes y los líderes, y abriéndose paso por una serie de

LAS PALABRAS "TERCER DÍA" TRAEN CONSIGO UN ENFOQUE NUEVO DE LA TRANSFORMACIÓN DE LAS IGLESIAS Y LOS CREYENTES CRISTIANOS EN GENERAL.

213

niveles burocráticos pantanosos. Hay dos rasgos clave que distinguen al tercer día de los esfuerzos de avivamiento anteriores:

1. *Lo impulsa el enfoque de la persona de Jesús* como centro, basado en la premisa de que todos los cristianos del Tercer Día pueden y deben adorar a niveles más altos.

2. *Es un compromiso a largo plazo para realizar un cambio sistemático y fundamental.*

Yo he podido experimentar este cambio de paradigmas del tercer día. Ha impactado:

✴ **Mi iglesia**
✴ **Mi vida de oración**
✴ **Mi adoración**
✴ **Mi existencia**

En Calvary Worship Center, donde soy actualmente el pastor principal, estamos comenzando la fase de poner en práctica nuestro Proyecto Tercer Día. Yo he estado involucrado por completo en todos los aspectos de nuestra reforma, aunque a veces no he estado satisfecho con algunos de los resultados. Mis objetivos son:

✴ **Evaluar la categoría y postura actuales de la Iglesia cristiana evangélica del Evangelio completo y llena del Espíritu.**

✴ **Desarrollar un plan total de mejoras, utilizando *el tercer día* como fase que incorpora en sí la visión.**

214

El plan se inicia con una sincera invitación al cambio bajo la autoridad y la unción del Espíritu Santo; un cambio que da lo siguiente:

* **flexibilidad**
* **Conocimiento**
* **Tiempo**

Estos tres elementos tienen por consecuencia el diseño del plan que exige un proceso así. El plan del tercer día incluye:

* **La definición de un problema.**
* **La identificación de las actividades necesarias para resolver el problema.**
* **La elaboración de una lista de personas o grupos que deberán estar involucrados en la transformación de una iglesia, un ministro o un creyente en Adoradores del Tercer Día.**
* **El calendario para la puesta en práctica.**

LA DEFINICIÓN DE UN PROBLEMA

Es importante saber que el cambio por el cambio no sólo es inútil, sino que también puede convertirse en contraproducente. Por tanto, la identificación del problema que motiva la necesidad de un cambio es algo de una importancia extrema. Los problemas dentro del cuerpo de Cristo evangélico, de Evangelio completo y lleno del Espíritu coinciden con muchos problemas similares que han existido en las denominaciones más antiguas a lo largo de los últimos centenares de años.

215

* **Poca asistencia**
* **Pocos miembros**
* **Altamente impersonales**
* **Fuerte sensación de desinterés**

De hecho, hay una verdad innegable en el predominio de

una adoración, un liderazgo, un trabajo y una relación con Cristo centrados en la figura del pastor.

No es posible ignorar la necesidad de pasar a una predicación y enseñanza profética de la Palabra de Dios, que va entrelazada con la entrega de información para el desarrollo de capacidades intelectuales como el pensamiento crítico, junto con una necesidad de ayudar a los adoradores a construir sus propias relaciones a partir de unas experiencias significativas centradas en Cristo.

También nos ha faltado satisfacer las necesidades cognoscitivas e intelectuales de los adoradores de minorías y culturalmente distintos. Por ejemplo, muchas de nuestras congregaciones no reflejan los domingos por la mañana las diversidades demográficas de las ciudades en las cuales se encuentran. La gran mayoría de las personas que acuden a nuestros altares para convertirse, terminan desapareciendo. De hecho, existe la necesidad de reducir la fragmentación de las enseñanzas doctrinales para ayudar a los adoradores a hacer conexiones de importancia con fenómenos espirituales que sean genuinos.

Es necesario que la Palabra adquiera vida y sea tanto aplicable como práctica para ministrarles...

* A la mente
* A la mano
* Al corazón
* Al intelecto
* A las emociones
* Al espíritu

Por último, no hemos sabido proporcionar experiencias maduras que alimenten a los adoradores y los preparen mejor en la transición al mundo del ministerio después del discipulado. Permítame explicarme. Hemos hecho un notable trabajo en cuanto a llenar nuestras iglesias de convertidos, cuando en realidad, el objetivo fundamental es llenarlas de...

* **Discípulos**
* **Adoradores**
* **Apóstoles**
* **Profetas**
* **Pastores**
* **Evangelistas**
* **Maestros**
* **Exhortadores**
* **Obradores de milagros**

Los traemos como:

* **Indeseables**
* **Pecadores**
* **Llenos de vergüenza**
* **Rechazados**
* **Lo más bajo**

¡Entonces, la Palabra de Dios viva y activa los alcanza! Los preparamos y los comisionamos. La única forma de que el ministerio o la vida de una iglesia del Tercer Día pueda realizar una misión así, es comunicarles una visión que provoque en ellos una misión. Esta visión compartida hará nacer una misión, lo cual terminará llevándolos a ser enviados.

* **Visión: El cristiano del Tercer Día tiene una visión.**
* **Misión: El cristiano del Tercer Día participa en una misión.**
* **Comisión: El cristiano del Tercer Día se halla bajo una gran comisión.**

217

El plan del Tercer Día deberá tener en cuenta los problemas básicos de un grupo de creyentes que yo

EL ADORADOR DEL TERCER DÍA LUCHA CONTINUAMENTE POR COMPROMETER, DAR PODER, ENRIQUECER Y HACER RESALTAR A SU FAMILIA, LOS DE SU CASA, VECINDARIO, COMUNIDAD, CIUDAD, ESTADO, NACIÓN Y EL MUNDO ENTERO PARA JESUCRISTO.

llamo los ausentes del Tercer Día. Estas personas se han retirado porque sienten falta de participación y alejamiento. Para volver a comprometer con Dios a estos ausentes, debemos desarrollar una manera de evaluar la forma en que nuestras congregaciones perciben sus experiencias de adoración. Cuando descubramos la manera de ir más allá de los problemas del segundo día, como son la falta de discipulado, la falta de conceptua lización de sí mismos y un grado de insatisfacción con la experiencia de la adoración en general, podremos alcanzar a estos ausentes y levantarlos a la dinámica vida espiritual del tercer día. Los ministerios del Tercer Día… las iglesias del Tercer Día… los creyentes del Tercer Día… no son islas. El adorador del Tercer Día no se va a esconder a su lugar secreto de oración, preocupado sólo por su vida personal.

A fin de facilitar las cosas, las organizaciones del tercer día necesitan dejar de lado los anticuados niveles a corto plazo de la burocracia. Se necesitan poner en práctica planes que comprometan a las personas con Dios, las hagan involucrarse en el discipulado y les proporcionen las experiencias espirituales pragmáticas y las conexiones necesarias para que queden equipadas para ministrar en su mundo. Gran parte de esto se puede hacer por medio de una enseñanza interdisciplinar y del establecimiento de sociedades del tercer día. Los pastores, los ministros, los líderes y los adoradores necesitan crear relaciones que estén:

✻ **Por encima de la religión**
✻ **Por encima de los programas**

218

✳ Por encima del ministerio

Debe existir una dinámica labor de equipo entre adoradores, personal y líderes, que desarrolle las expectaciones para todos los adoradores que los rodean. Este equipo puede proporcionar un lenguaje común para el cambio y un nivel prudente de ambigüedad que le permita al equipo realizar las correcciones de curso necesarias durante el paso de la vida del primer día y el segundo al estilo de vida revolucionario y sobrenatural del Tercer Día.

El pastor es la persona que tiene la visión. Articula esa visión y proporciona el marco físico en cuanto a motivación, logística y relaciones para que se realice la visión.

Antes de convertirse en el líder del cambio, el pastor debe ser el líder cultural, simbólico, educacional, técnico, espiritual y humano de la iglesia.

De esta forma, en alguna posición entre una absorta ingenuidad y un cinismo de mente estrecha, este pastor cambia su curso hacia el mar bravío del avivamiento… hacia levantarse para vivir ante la presencia de Dios en el tercer día, a pesar de los riesgos. Yo he decidido trazar el curso del barco llamado *Tercer Día*, teniendo como resultado el enriquecimiento, el realce y la adquisición de poder de todos para la honra y la gloria de Jesucristo.

En esta primera etapa, en la que se aprende a definir el problema, debemos luchar con la pregunta de por qué la iglesia… esta iglesia… su iglesia… no ha crecido.

219

✳ **¿Cuáles son las razones de que no se haya producido el cambio?**

✳ **¿Cuáles son los elementos necesarios para el cambio?**

* ¿Cuáles son las cuestiones primordiales con las que se debe enfrentar mi iglesia?
* ¿Cuáles son las preocupaciones más sobresalientes entre las que impiden el cambio?

¿Qué se debe hacer para transformar a un adorador del segundo día… una iglesia del segundo día… en un adorador y una iglesia del Tercer Día?

LA IDENTIFICACIÓN DE LAS ACTIVIDADES NECESARIAS PARA RESOLVER EL PROBLEMA

Después de haber dedicado el tiempo necesario a analizar detenidamente la pregunta "¿Cuál es el problema que me impide a mí… o a mi familia… mi iglesia… convertirnos en unos adoradores y una iglesia dinámicos del Tercer Día?", debe seguir adelante a la creación de una solución a ese problema. Durante esta segunda etapa del Plan del Tercer Día, debe tener en cuenta todas y cada una de las preguntas siguientes:

* ¿Qué datos necesito reunir para crear una solución?
* ¿Qué actividades necesito emprender?
* ¿Hago un estudio de la congregación?
* ¿Me estudio a mí mismo?
* ¿Hago un estudio de la comunidad?
* ¿Qué concepto tiene la comunidad sobre nuestra iglesia y sobre sí misma?
* ¿Qué concepto tienen de mí las personas que me rodean?
* ¿Qué concepto tienen de mí mi esposa, mi es-

220

poso, mis hijos y el resto de mi familia?
* ¿Qué dice de mí mi vecino?
* ¿Qué testimonio estoy dando?
* ¿Qué gloria, qué presencia, qué unción estoy manifestando?

Mientras considera estas preguntas en el tercer día, usted encontrará que la inmensa sabiduría de Dios lo guiará a responder estas interrogantes. Lo cierto es que en el tercer día no habrá intelecto humano, planificación organizada o aplicación pragmática que sea suficiente. El Apóstol Pablo dijo descriptivamente en su primera carta a la iglesia de Corinto que su estilo no dependía de "humana sabiduría, sino con demostración del Espíritu y de poder" (1 Corintios 2:4). Luego dice que el Espíritu de Dios es el que escudriña las cosas profundas de Dios. (v.10). Si nuestra intención es identificar las actividades necesarias para resolver problemas, entonces debemos ir más allá de la superficie de nuestra humanidad y buscar la verdadera identidad de nuestra espiritualidad.

Usted se preguntará, "¿Acaso no hay algún sistema que pueda seguir que me ayude a resolver mis problemas?" La respuesta es sí. Pero la actividad necesaria va más allá de nuestra interpretación de todas las variables y fórmulas disponibles para nuestro análisis. Encontrará la respuesta según su dedicación a tres áreas en su vida:

* **Su tiempo dedicado en la Palabra de Dios.**
* **Su tiempo dedicado en oración a Dios.**
* **Su tiempo dedicado en consagración a Dios.**

221

Entonces, usted debe aprender a depender de Dios para que le supla con las respuestas que sólo El puede proveer como resultado de su relación con El. ¿Usará guías, parámetros, organización, planificación e implementación para resolver sus problemas? Sí. Pero, estos provendrán del Espíritu de Dios – no de la mente humana.

LA LISTA DE GRUPOS O PERSONAS QUE SE DEBEN INVOLUCRAR EN LA TRANSFORMACIÓN

¿Quiénes quiero que participen conmigo en este paso al tercer día? ¿Quiénes me pueden ayudar a mí a convertirme en adorador del Tercer Día? ¿Quiénes pueden ayudar a la iglesia o al grupo a lograrlo?

* apacibles como los corderos y audaces como los leones,
* soldados del Señor de señores,
* transformados como agua en vino,
* con raíces sólidas en los principios de la verdad,
* sin vergüenza para hacer sonar la alarma,
* unidos a pesar de nuestras culturas, nacionalidades y etnicidad,
* dedicados a alcanzar la meta,
* determinados a escalar las alturas,
* enfocados en la promesa,
* dispuestos a cambiar,
* capaces de levantarse después de caer,
* ¡destinados a vencer en Cristo!

222

¿Por qué es necesario que estén involucradas estas personas? Es muy posible que usted quiera que participen algunas personas de otras iglesias. El tiempo de que los hombres construyeran imperios alrededor de su carisma o su personalidad ha terminado. En el tercer día nos vamos a asociar para edificar el reino de Jesucristo. Sus compañeros del Tercer Día serán uno con usted, y usted será uno con ellos. Tendrá el corazón de ellos, y ellos el suyo. Tendrá sus promesas, y ellos las suyas. ¿Por qué? Porque el tercer día es para todos aquellos que desean ser uno con Dios.

Yo me niego a edificar a Calvary Worship Center, en Staten Island, Nueva York. Me voy a dedicar a edificar el Reino de Jesucristo, y Él va a edificar nuestra iglesia local. Si nosotros nos centramos en la edificación del Reino, Él se va a centrar en la edificación de nuestras iglesias locales.

EL CALENDARIO PARA LA PUESTA EN PRÁCTICA

He aquí los cambios que quiero ver en el próximo años, y que van a indicar que hemos pasado del segundo día al tercero.

* A nuestra visión del tercer día debe corresponder una constitución del tercer día.
* Nuestro espíritu del tercer día debe estar basado en una burocracia del tercer día.
* Nuestra predicación del tercer día debe ir acompañada de la alabanza y la adoración del tercer día.

Todos los elementos internos de la iglesia o de la persona deben pertenecer al tercer día. La vida de oración profética del tercer día debe incluir la adoración profética. La línea del tiempo en que me proponga poner en acción mi visión del tercer día tiene que ser equilibrada. Debo detallar cuáles acciones y enfoques de liderazgo van a ser necesarios

> DIOS NOS DA UNA PALABRA PROFÉTICA, QUE SE CONVIERTE EN VISIÓN, LA CUAL SE CONVIERTE EN SUEÑO A FIN DE LLEVARNOS A LA PLENITUD DE ÉL PARA NUESTRA VIDA.

223

para que el plan tenga éxito. En todas las fases de mi vida y de la vida de mi iglesia se debe evidenciar el estilo de vida del Tercer Día.

LAS DINÁMICAS DEL PLAN DEL TERCER DÍA

Una vez definido el problema, identificadas las soluciones, comprometidas las personas y puesto en marcha el calendario de realización, estará listo el plan del Tercer Día. A medida que vayamos pasando al estilo de vida del tercer día, las siguientes dinámicas deberán formar parte de esa vida.

LA PROFECÍA DEL TERCER DÍA

Los adoradores del Tercer Día ejemplifican lo profético. Y lo profético va más allá de uno de los dones dispuestos por el Espíritu Santo. La unción profética y el espíritu profético son un cumplimiento de lo que fue predicho por el profeta Joel.

> *Y después de esto derramaré mi Espíritu sobre toda carne, y profetizarán vuestros hijos y vuestras hijas; vuestros ancianos soñarán sueños, y vuestros jóvenes verán visiones.* —JOEL 2:28

224 Hay una serie de cosas muy importantes acerca de las profecías, las visiones y los sueños. Nuestro salmista Peter de Jesús ha articulado y expresado revelación acerca de la profecía, las visiones y los sueños.

* **La profecía es la Palabra de Dios hablada.**
* **La visión es la Palabra de Dios visible.**
* **El sueño es la Palabra de Dios sembrada.**

Por consiguiente, cuando combinamos estos tres elementos en el tercer día, comenzamos a vivir delante de su vista. Pero todo echa a andar con lo profético—la voz de Dios—para usted y para mí.

La primera cosa que comenzaron a hacer los apóstoles después del derramamiento del Espíritu Santo en el aposento alto en el día de Pentecostés, fue proclamar las maravillas de Dios ante la gente en sus propias lenguas. Hablaban en nombre de Dios. Se movían en lo profético. Amado, es importante saber que, para que aquello que pongamos en práctica efectúe los cambios del tercer día, todo creyente, adorador, iglesia, ministerio, hombre, mujer y joven del tercer día debe tener profecías, visiones y sueños, y fluir en ellos.

✳ **Debemos ser una generación profética.**
✳ **Debemos ser un pueblo profético.**
✳ **Debemos profetizar.**
✳ **Nos debemos dedicar a la oración profética.**
✳ **Debemos alabar y adorar bajo una unción profética.**

Necesitamos ir más allá del simple pedir cosa. Necesitamos profetizar sobre ciudades enteras. Necesitamos profetizar sobre nuestros vecindarios y sobre nuestras familias. **Que el segundo día sea el último día en que usted clamó por la salvación de sus hijos.** Que el tercer día sea el día en el que usted entre en la habitación de su hijo o su hija y profetice sobre él o sobre ella, **profetice sobre su cónyuge alcohólico, profetice sobre su adole-scente que está usando drogas o actuando con rebeldía y vea moverse el poder de Dios a través de la palabra profética.**

En el tercer día se tienen que levantar los profetas de Dios. En el tercer día se levantan como profetas, hombres

225

y mujeres de Dios. Levántese y profetice. Levántese y proclame. Levántese y decrete.

LAS VISIONES DEL TERCER DÍA

Sin duda alguna, uno de los conceptos más mal entendidos en el cuerpo de Cristo lleno del Espíritu hoy, es el de las visiones. Por supuesto, son muchas las visiones erróneas, carnales y torcidas que se han expresado y proclamado. No en balde hay tanto escepticismo y tanto agnosticismo. Sin embargo, Dios les sigue dando visiones a sus siervos. Los hombres y mujeres de Dios del tercer día tienen visiones.

La visión de Jacob (Génesis 28)— En el desarrollo de esta visión, podemos encontrar cada uno de los elementos siguientes:

* **Alabanza paso a paso**
* **Adoración paso a paso**
* **Oración paso a paso**
* **Estudio bíblico paso a paso**
* **Profecía paso a paso**
* **Canto del Señor paso a paso**
* **Regocijo paso a paso**

La visión de Ezequiel (Ezequiel 10)— Vio la rueda dentro de una rueda de fuego.

La visión de Isaías (Isaías 6)—Esta visión revela que cuando murió el rey, el profeta vio al Señor. Amigo, cuando muera su rey, entonces usted verá al Señor.

226

* **Cuando muera el rey, usted verá al Señor.**
* **Cuando muera el rey de esta tierra, usted verá levantarse al rey de la gloria.**
* **Cuando muera el rey, usted verá al Señor alto y sublime, y a los ángeles clamando "Santo, santo, santo".**

Si se quiere ver volando, es necesario que muera el rey. **Si se quiere ver pasando de un nivel de gloria a otro, es necesario que muera el rey. Si quiere que el carbón encendido le perfore los labios, para santificarlos y darle una palabra profética de fuego en el tercer día, es necesario que muera el rey.**

La visión de Esteban (Hechos 7)—Esteban tuvo una visión mientras lo perseguían. Saulo de Tarso estaba allí como testigo, mientras Esteban, en medio de la persecución, vio al Señor. En medio de la persecución, usted verá al Señor, no sentado para recibirlo, sino de pie para honrarlo.

LOS SUEÑOS DEL TERCER DÍA

José tuvo sueños. Daniel tuvo sueños. Y Pablo tuvo sueños también. Amigo, usted necesita levantarse con profecía, visiones y sueños.

Las profecías, las visiones y los sueños lo van a capacitar para provocar un cambio en su vida, en su ministerio, en su familia, en su hogar, en su unción y en su adoración.

UN DÍA EN LA VIDA DE UN ADORADOR DEL TERCER DÍA

3:00 DE LA MAÑANA

227

No puedo dormir normalmente, incómodo con mi humanidad, con el agotamiento de la lucha cotidiana. No tengo otra opción, no hay más alternativa que levantarme para yacer postrado ante el Señor e interceder por los que sufren. Sé que mi intercesión debe ir más allá de ser un simple tipo de manipulación psicológica o psicoterapéutica… debe ir más allá de las simples palabras. Comprendo que sin duda alguna, todas las palabras de mi boca tienen poder para crear, y poder para destruir.

Hay un Génesis y un Apocalipsis donde se sabe que todo lo que yo pida en su nombre, Él lo hará. Así que intercedo… suplico… clamo… y lloro. Como sé que Él me oye y actúa según lo que oye, oro con diligencia y fervor. Comienzo orando en mi idioma y mi comprensión. Entonces, de repente desaparece, y estoy orando en otra lengua. Esas oraciones, ininteligibles para mí, hacen que los ángeles de la gloria desciendan con espadas afiladas para entrar en batalla contra los principados de los aires y los poderes que gobiernan a quienes nos rodean. Intercedo. Suplico proféticamente bajo la unción, al mismo tiempo que utilizo las Escrituras, una tras otra.

* **Cuando fallan mis palabras, las suyas tienen éxito.**
* **Cuando mis esfuerzos no son suficientes, su Espíritu me lleva al lugar más alto.**

Después de todas las oración, todos los clamores, todos los gritos, toda la adoración, toda la intercesión, todas las lenguas—después de todo eso, al final—no tengo nada más ni nada menos que decir, que… **¡Hágase tu voluntad!**

6:00 DE LA MAÑANA

Al despertarme, antes de irme a la ducha, lo primero que hago es tocar el suelo, como si fuera una especie de rito marinero. No una simple flexión, sino un lanzar todo el cuerpo al suelo. Extiendo allí la diadema real, coronándolo a Él como Señor de todo. Allí tirado, reconozco su soberanía, su reinado, y proclamo: "¡Oh Jehová, Señor nuestro, cuán glorioso es tu nombre en toda la tierra! ¡Cuán excelente es tu nombre! Los cielos y la tierra proclaman juntos lo excelente que es tu nombre."

Me levanto del suelo y entro a la ducha, conde comienzo mi alabanza y mi adoración. Entonces, en mi automóvil... en el sistema público de tránsito... en cualquier vehículo que use... estoy en la gloria. Anhelo entrar a ella con mayor profundidad. Tal vez haya comenzado en el atrio, pero mi lugar de destino no es otro que el lugar santísimo.

Sigo adelante. De alguna forma, mi misión diaria consiste en abrirme paso a través de la multitud... entre las masas humanas... entrar por sus puertas con acción de gracias y en sus atrios con alabanza. **Atravieso el atrio exterior, el interior y entro por fin en el lugar santísimo. El velo ya ha sido rasgado, pero yo lo debo atravesar cada día.** Me debo abrir paso a través de...

LO DECLARO, LO PROCLAMO, LO LIBERO Y SÉ QUE ES CIERTO.

* **Mis limitaciones**
* **Mi carne**
* **Mi temperamento**
* **Mi obstinación**
* **Mi orgullo**

Lucho a diario. Por tanto, peleo a diario. Me tengo que abrir paso de alguna forma y por algún lugar... me tengo que abrir paso. A diario—y durante toda la vida— el adorador del Tercer Día debe atravesar el atrio exterior y el interior para entrar al lugar santísimo.

229

12:00 MERIDIANO

Aquí estoy, a la hora del almuerzo, orando en lenguas, intercediendo, liberando lo profético, profetizando sobre mi lugar de trabajo, haciendo que aquéllos que me rodean compren-

AL LLEGAR EL FINAL DE ESE DÍA, ENTRARÉ EN EL LUGAR SANTÍSIMO.

dan que ellos son bendecidos porque yo lo soy. Son bendecidos porque:

* **Yo soy portador de la gloria.**
* **La gloria de Dios reside dentro de mí.**
* **Soy hijo del Dios viviente.**

El adorador del Tercer Día adora y alaba en todo tiempo. Cualquiera que sea mi actividad, el Espíritu Santo intercede por medio de mi oración continua. El adorador del Tercer Día va más allá del simple aprenderse de memoria uno o dos textos de las Escrituras; el guerrero del Tercer Día vive en la Palabra, prospera en la Palabra y vuela por medio de la Palabra. No me debo limitar al avivamiento. El avivamiento sólo es por un tiempo. Después del avivamiento viene el levantarse. Después del levantarse viene el acto de vivir delante de su vista. **Quiero ir más allá de "tener" avivamiento.** **Quiero vivir avivamiento. Quiero permanecer en avivamiento. Quiero ejercitar avivamiento. Quiero fluir en el avivamiento.**

No quiero tocar su gloria solamente; quiero vivir en su gloria. No quiero experimentar un toque de Dios aquí y allá solamente; quiero convertirme en el toque de Dios. Dondequiera que esté, soy el toque de Dios para los demás. Debo estar totalmente entrelazado con Dios, pero… ¿cómo puede ser esto? Más allá de toda comprensión… de toda creencia… de nuestras esperanzas y temores… hay un lugar. Amigo mío, hay un lugar.

Mi corazón vive con un solo objetivo: quiero poner una sonrisa en el rostro de Dios.

¡Qué inútil suena todo eso! ¡Qué minúsculo se nos presenta! Sin embargo, este es el mayor de todos los desafíos. Porque, ¿cómo puede Dios sonreír mientras desciende la vista hacia su creación, mientras las bocas, los corazones y las manos de sus seres creados diseminan odio y amargura los unos contra los otros?

* **¿Cómo puede sonreír Dios, mientras su novia está dividida?**

* **¿Cómo puede sonreír Dios, mientras sus hijos están en guerra entre sí?**

* **¿Cómo puede sonreír Dios, mientras nosotros hemos creado un ambiente institucionalizado, en lugar de una gloria viviente y poderosa?**

* **¿Cómo puede Dios sonreír mientras el genocidio, el suicidio y los asesinatos y muertes al azar se producen en todas las ciudades... en todos los grupos sociales y económicos... en todas las culturas... en todos los rincones de este planeta?**

* **¿Cómo puede sonreír Dios, mientras se usa su nombre en vano hora tras hora, minuto tras minuto y segundo tras segundo?**

* **¿Cómo puede sonreír Dios, mientras hay hombres y mujeres que usan su nombre para su propia ganancia personal... mientras se convencen a sí mismos que lo hacen para la honra y la gloria de Él?**

* **¿Cómo puede sonreír Dios, mientras nosotros nos olvidamos de los que sufren... los abandonados... los que no tienen derechos... y los alienados?**

* **¿Cómo puede sonreír Dios, mientras nosotros descuidamos a los que son pobres... los que no tienen hogar... los que no tienen trabajo...**

231

los huérfanos... los que han enviudado... los indeseables... los rechazados... y los agonizantes?

¿Cómo puede sonreír Dios?

AL FINAL DEL CAMINO, AQUÍ ESTOY ANTE TI PARA TRAERTE GOZO... PARA TRAERTE PAZ. ¡AQUÍ ESTOY PARA HACERTE SABER QUE TODO LO QUE HICISTE VALIÓ LA PENA!

Aquí estoy por fin delante de Él, con un solo objetivo: sacarle una sonrisa. No como si yo fuera un bufón de corte tratando en su gozosa exuberancia de despertar en Dios una emoción. **A veces me quedo perplejo ante los continuos ataques contra el emocionalismo, siendo así que nuestro Dios es nuestra personificación divina de las emociones sagradas. Es Dios mismo quien sonríe... se regocija... ríe... llora... y gime.**

Señor, mi objetivo hoy es ponerte una sonrisa en el rostro. ¿Será posible, Señor, que tú necesites una razón para reír y regocijarte?

¿Eres un cristiano del tercer día?

232

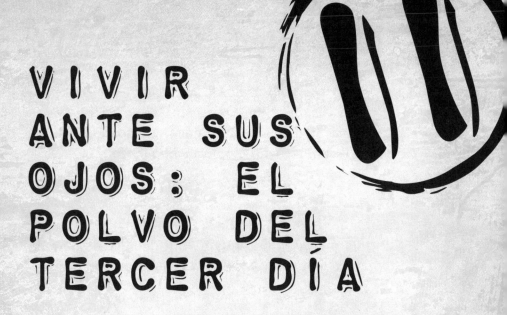

VIVIR ANTE SUS OJOS: EL POLVO DEL TERCER DÍA

Polvo, *polvo*, **polvo.** Las cenizas a las cenizas; el polvo al polvo. Mire lo que Dios hace con el polvo. Nosotros vivimos ante sus ojos como polvo del tercer día. Exhibimos la poderosa relación que hay entre el Creador soberano del universo y las minúsculas partículas de polvo que somos usted y yo.

* En el Génesis, Dios recogió el polvo de la tierra.
* Sopló sobre el polvo.
* Y aquí estamos nosotros hoy.

Mire lo que hace Dios con el polvo. Lo forma a usted. Me forma a mí del polvo de la tierra.

> *Entonces Jehová Dios formó al hombre del polvo de la tierra, y sopló en su nariz aliento de vida, y fue el hombre un ser viviente.* —GÉNESIS 2:7

¿Qué hace Dios con el polvo?

* Le da forma a su propia imagen.
* Le da forma a su propia semejanza.

No sólo le dio forma a su propia imagen y semejanza en el primer día. Sopló sobre ese polvo y creó vida: el alma

233

del hombre. Pero Dios también hace algo con el polvo en el tercer día. La Biblia nos habla de un ciego que clamó a Jesús, pidiéndole su sanidad. Como respuesta, Jesucristo escupió en el suelo, formando barro.

1. *Dios le da al polvo una forma a su propia imagen y semejanza:*

Entonces dijo Dios: Hagamos al hombre a nuestra imagen, conforme a nuestra semejanza.—GÉNESIS 1:26

2. *Dios sacude el polvo.*

Y si alguno no os recibiere, ni oyere vuestras palabras, salid de aquella casa o ciudad, y sacudid el polvo de vuestros pies.— MATEO 10:14

3. *Dios saca milagros de los desastres.*

Dicho esto, escupió en tierra, e hizo lodo con la saliva, y untó con el lodo los ojos del ciego.—JUAN 9:6

En el tercer día, Dios trabaja con el polvo.

* **Recoge el polvo.**
* **Escupe en el polvo.**
* **Crea un milagro del polvo.**

234

Ya no sopla sobre el polvo, sino que escupe. Ya no da sólo su alma, sino que da su agua, su Espíritu. Dios ya no está impartiendo vida a través del alma, sino que está impartiendo vida a través del Espíritu.

Dios está sacando un milagro de un desastre.

✳ **Hace una bola de lodo.**
✳ **Se la pone a usted en los ojos.**
✳ **Hace un milagro con ella.**

Dios está sacando un milagro de su desastre: de sus circunstancias… de su matrimonio… de su hogar… de su economía… de su cuerpo. Tal vez parezca un desastre, pero sólo es una bola de lodo. Dios está escupiendo en el suelo.

✳ **Cuando Dios escupe sobre la humanidad…**
✳ **Cuando Dios incorpora su saliva…**
✳ **Cuando Dios añade su gusto…**
✳ **Cuando Dios cultiva su sabor…**
✳ **Cuando Dios imparte lo que hay dentro de Él…**
✳ **Cuando Dios se coloca sobre usted…**

Al principio es posible que parezca un desastre, pero al final, es el milagro de Dios para su vida. El aposento alto parecía un desastre en su fase inicial. Sonaba como un desastre. Por eso todavía hay muchos que siguen tratando de comprender todo esto del movimiento lleno del Espíritu. Parece un desastre. Parece algo raro. Parece desordenado. Pero en realidad, es un milagro.

Dios hace una bola de lodo con su desastre, y lo convierte en un milagro. Ahora mismo, está poniendo una bola de lodo sobre todos los aspectos de su vida. Esa vida le parecerá caótica y desordenada en estos momentos, pero en realidad hay un milagro debajo de ese desastre.

Dios escribe en el polvo.

Cada uno se fue a su casa; y Jesús se fue al monte de los Olivos. Y por la mañana volvió al templo, y todo el pueblo vino a él; y sentado él, les enseñaba. Entonces los escribas y los fariseos le trajeron una

mujer sorprendida en adulterio; y poniéndola en medio, le dijeron:
Maestro, esta mujer ha sido sorprendida en el acto mismo de adulte-
rio. Y en la ley nos mandó Moisés apedrear a tales mujeres. Tú,
pues, ¿qué dices? Mas esto decían tentándole, para poder acusarle.

Pero Jesús, inclinado hacia el suelo, escribía en tierra con el dedo.
Y como insistieran en preguntarle, se enderezó y les dijo: El que de
vosotros esté sin pecado sea el primero en arrojar la piedra contra
ella. E inclinándose de nuevo hacia el suelo, siguió escribiendo en
tierra. Pero ellos, al oír esto, acusados por su conciencia, salían uno a
uno, comenzando desde los más viejos hasta los postreros; y quedó
solo Jesús, y la mujer que estaba en medio. Enderezándose Jesús, y
no viendo a nadie sino a la mujer, le dijo: Mujer, ¿dónde están los
que te acusaban? ¿Ninguno te condenó?

Ella dijo: Ninguno, Señor.

Entonces Jesús le dijo: Ni yo te condeno; vete, y no peques más.

—JUAN 7:53 A 8:11

Dios escribe en el polvo. Conocemos esta historia en la que Jesús escribió en el polvo. Los fariseos estaban listos para apedrear a aquella mujer adúltera. Pero Jesús escribió en el polvo. ¿Por qué escribió en el polvo? Jesús escribió en el polvo acerca de aquella mujer. ¿Por qué?

Jesús estaba escribiendo acerca de la mujer, porque no estaba en el cielo para escribir en el Libro de la Vida del Cordero.

236

Es posible que Jesús escribiera una post-data: "Es salva". Jesús envió una misiva por correo electrónico antes de que hubiera correo electrónico. Estaba conectado en la línea antes de que existiera la Internet. **Envió un memorándum por facsímil: "Es nuestra". Escribió en el polvo.**

Jesús escribió en la humanidad. Amigo, Él está escribiendo hoy en su humanidad. Aunque los fariseos la estaban acusando, Él no les hizo caso.

Dios no escucha las basuras que el diablo dice en contra suya, amigo. No le hace caso. Observe que Él no escribió en los cielos… ni en los lugares intermedios… ni en el palacio… ni en las cimas de la fama y la popularidad. Dios escribió en el suelo.

✳ **Cuando el mundo lo tire por el suelo…**
✳ **Cuando el diablo lo tire por el suelo…**
✳ **Cuando su carne lo tire por el suelo…**

Allí estará Jesús para escribir de nuevo en usted. Como le pasa al boxeador al que han tirado a la lona, cuando su debilidad haya llegado al máximo, es cuando Dios lo va a hacer fuerte. En el suelo es donde Dios escribe una palabra acerca de su vida. Amigo mío, hoy mismo Dios está a punto de escribir en su vida. Tal vez lo hayan derribado, pero en el momento en que lo derriben, Dios escribirá sobre usted.

¡Si el diablo supiera que cada vez que él lo derriba, Dios escribe una palabra sobre su vida…! Si lo supiera, habría comenzado por no meterse con usted.

✳ **El Padre escribió la palabra con un dedo.**
✳ **El Hijo escribió la palabra con sus dos manos.**
✳ **Pero el Espíritu Santo escribe la palabra con fuego.**

237

Cuando el Espíritu Santo escribe sobre su vida, escribe con Fuego.

✳ **El fuego quema.**
✳ **El fuego penetra.**
✳ **El fuego es imposible de discernir.**

Se puede leer el lenguaje del Padre. Se puede leer el lenguaje del Hijo. Pero no todos pueden leer el lenguaje del Espíritu Santo, porque no es un lenguaje que el hombre pueda discernir.

1. **Es una lengua celestial.**
2. **Es una lengua divina.**
3. **Es una lengua poderosa.**

¿TIERRA O POLVO?

Ya no somos la tierra del segundo día; la maldición del segundo día. Ya no somos polvo solamente. Somos polvo bendecido. No somos maldiciones del segundo día, sino bendiciones del tercero.

* **O está viviendo con una maldición del segundo día, o con una bendición del tercero.**

* **O está viviendo como tierra fracasada, o como polvo sobre el cual ha escrito el fuego del Espíritu Santo.**

Cuando usted vive ante su vista, vive con una bendición continua.

* **Usted habrá recibido la maldición de una enfermedad del corazón, pero hoy ha sido bendecido con *Jehová-rafeká*.**

* **Usted habrá recibido la maldición de la pobreza, pero hoy ha sido bendecido con *Jehová-yiré*.**

* **Usted habrá recibido la maldición de la perturbación, pero hoy ha sido bendecido con *Jehová-shalom*.**

* **Usted habrá recibido la maldición de no tener**

identidad, pero hoy ha sido bendecido con *Jehová-nissí*.

✳ Usted habrá recibido la maldición de la soledad, pero hoy ha sido bendecido con *Jehová-shammá*.

✳ Usted habrá recibido la maldición de la injusticia, pero hoy ha sido bendecido con *Jehová-tsidkenu*.

✳ Usted habrá recibido la maldición de la debilidad, pero hoy ha sido bendecido con *El Shaddai*.

Las maldiciones que existen son muchas, pero la sangre de Jesucristo quebrantó la maldición.

DIOS NO LE HACE CASO AL DIABLO CUANDO VIENE A ACUSARNOS.

Cristo nos redimió de la maldición de la ley, hecho por nosotros maldición (porque está escrito: Maldito todo el que es colgado en un madero).—GÁLATAS 3:13

✳ Levántese y grite, porque la maldición ha sido rota.

✳ Levántese y dance, porque la maldición ha sido rota.

✳ Levántese y adore, porque la maldición ha sido rota.

239

Mi mamá estaba atada a ella, mi papá estaba enganchado en ella, pero ahora yo soy libre de ella. Cuando se acaba la maldición, comienza la bendición.

LA ENTRADA A LAS BENDICIONES

PARA QUE USTED PUEDA ENTRAR A SU BENDICIÓN, ES NECESARIO QUE SALGA DE SU MALDICIÓN.

Hay una maldición del segundo día, y una bendición del tercero. Para poder vivir en la bendición del tercer día, es necesario que usted entre a su bendición a través de la entrada a las bendiciones.

Pero Jehová había dicho a Abram: Vete de tu tierra y de tu parentela, y de la casa de tu padre, a la tierra que te mostraré. Y haré de ti una nación grande, y te bendeciré, y engrandeceré tu nombre, y serás bendición. Bendeciré a los que te bendijeren, y a los que te maldijeren maldeciré; y serán benditas en ti todas las familias de la tierra.—GÉNESIS 12:1-3

Salga, salga, dondequiera que se encuentre.

* Noé salió del arca.
* Moisés salió del desierto.
* Jonás salió del gran pez.
* Juan salió de las regiones deshabitadas.
* Lázaro salió de su sepultura.
* JESUCRISTO SALIÓ DE LA TUMBA.

240

Repita conmigo: ¡Estoy saliendo! ¡Estoy saliendo! Tiene que salir para poder entrar.

Dígalo:

* Estoy saliendo del pecado.
* Estoy saliendo de la pobreza.
* Estoy saliendo de mi carne.

✳ **Estoy saliendo de los maltratos.**
✳ **Estoy saliendo de mi posición de víctima.**
✳ **Estoy saliendo de la religión.**
✳ **Estoy saliendo de la mediocridad.**
✳ **Estoy saliendo de la satisfacción.**
✳ **Estoy saliendo de la comodidad.**
✳ **Estoy saliendo del orgullo.**
✳ **Estoy saliendo de la envidia.**
✳ **Estoy saliendo de la lujuria.**
✳ **Estoy saliendo de los celos.**
✳ **Estoy saliendo del odio.**
✳ **Estoy saliendo del segundo día.**
✳ **Estoy entrando en el tercero.**

Haga algo ahora mismo, amigo mío. Levántese y mire hacia atrás. Ésta es la última vez que va a mirar atrás.

> *Porque os es necesaria la paciencia,*
> *para que habiendo hecho la voluntad*
> *de Dios, obtengáis la promesa. Porque*
> *aún un poquito, y el que ha de venir*
> *vendrá, y no tardará. Mas el justo*
> *vivirá por fe; y si retrocediere, no*
> *agradará a mi alma.*—HEBREOS 10:36-38

A partir de este instante, usted va a estar mirando siempre hacia delante.

241

✳ **Salga de su miseria.**
✳ **Salga de sus deudas.**
✳ **Salga de sus dolores.**
✳ **Entre en su gloria.**
✳ **Entre en la victoria.**
✳ **Entre en la unción.**

* **Entre a la cruz.**
* **Entre a la tumba vacía.**
* **Entre al aposento alto.**
* **Entre a lo profético.**
* **Entre al cántico del Señor.**
* **Entre a la Palabra del Dios todopoderoso.**
* **Entre a la doctrina sólida.**
* **Entre a la plenitud del río.**

Entre a la gloria divina del Tercer Día.

Estamos saliendo del segundo día, y entrando en el ámbito de la gloria.

* **Salga de la religión para entrar al avivamiento.**
* **Salga de la religiosidad para entrar al levantamiento.**
* **Salga de las experiencias para entrar a la vida ante su presencia.**

¡SOMOS BENDECIDOS!

Jesús dijo: "Antes de que Abraham fuera, YO SOY". Antes de que Abraham fuera bendecido, ya yo había sido bendecido. La bendición no procede de Abraham; la bendición procede de Jesucristo.

242

* **Antes de que usted se enfermara, Él ya lo había sanado.**
* **Antes de que usted cayera, Él ya lo había levantado.**
* **Antes de que usted pecara, ya Él lo había perdonado.**
* **Antes de que usted fuera destruido, Él ya lo había arreglado.**
* **Antes de que Abraham fuera, YO SOY, ¡aleluya!**

Bienaventurado el varón que no anduvo en consejo de malos,

   Ni estuvo en camino de pecadores,

   Ni en silla de escarnecedores se ha sentado;

   Sino que en la ley de Jehová está su delicia,

   Y en su ley medita de día y de noche.

   Será como árbol plantado junto a corrientes de aguas,

   Que da su fruto en su tiempo,

   Y su hoja no cae;

   Y todo lo que hace, prosperará.

   No así los malos,

   Que son como el tamo que arrebata el viento.

   Por tanto, no se levantarán los malos en el juicio,

   Ni los pecadores en la congregación de los justos.

   Porque Jehová conoce el camino de los justos;

   Mas la senda de los malos perecerá.

—*Salmo 1:1-6*

Usted es bendecido. Usted posee las bendiciones de las que habla Jesús en Mateo 5.

Viendo la multitud, subió al monte; y sentándose, vinieron a él sus discípulos. Y abriendo su boca les enseñaba, diciendo:

Bienaventurados los pobres en espíritu, porque de ellos es el reino de los cielos.

   Bienaventurados los que lloran, porque ellos recibirán consolación.

   Bienaventurados los mansos, porque ellos recibirán la tierra por heredad.

   Bienaventurados los que tienen hambre y sed de justicia, porque ellos serán saciados.

   Bienaventurados los misericordiosos, porque ellos alcanzarán misericordia.

   Bienaventurados los de limpio corazón, porque ellos verán a Dios.

YA ES HORA DE SALIR DE SU MALDICIÓN DEL SEGUNDO DÍA PARA ENTRAR EN SU BENDICIÓN DEL TERCERO.

Bienaventurados los pacificadores, porque ellos serán llamados hijos de Dios.

Bienaventurados los que padecen persecución por causa de la justicia, porque de ellos es el reino de los cielos.

Bienaventurados sois cuando por mi causa os vituperen y os persigan, y digan toda clase de mal contra vosotros, mintiendo.

Gozaos y alegraos, porque vuestro galardón es grande en los cielos; porque así persiguieron a los profetas que fueron antes de vosotros.

—MATEO 5:1-12

* **Hay bendiciones a las que se entra—Abraham (Génesis 12:1-3).**
* **Hay bendiciones por las que se lucha—Jacob (Génesis 32:24-26).**
* **Hay bendiciones que nos siguen—el salmista (Salmo 1:1-6).**
* **Y hay bendiciones que caen sobre nosotros— Pedro (Hechos 2:1-14).**

Llegará un tiempo en que no quedará nadie en pie. Llegará un tiempo en que, como en el pórtico de Salomón, todos serán sanados, aleluya. Ese día se acerca, amigo. El día de bendición se acerca.

244

EL CORDERO SOBRE UN ASNO Y EL LEÓN SOBRE UN CABALLO

El siguiente día, grandes multitudes que habían venido a la fiesta, al oír que Jesús venía a Jerusalén, tomaron ramas de palmera y salieron a recibirle, y clamaban: ¡Hosanna! ¡Bendito el que viene en el nombre del Señor, el Rey de Israel! Y halló Jesús un asnillo, y montó sobre él, como está escrito: No temas, hija de Sión; he aquí tu Rey viene, montado sobre un pollino de asna.—Juan 12:12-15

EL CORDERO

* **La última vez que Jesucristo entró a Jerusalén, era un Cordero montado sobre un asno.**
* **La próxima vez que entre a Jerusalén, será un León montado sobre un caballo.**

Amigo, es necesario que usted entre al tercer día. Debe ir sobre las bendiciones que Dios le ha permitido tener. Debe ir cabalgando sobre las circunstancias y las situaciones por las que Dios ha permitido que pase. Ésta es su entrada triunfal. Cuando el arca del pacto entró a Jerusalén, David la esperó con celebración y gozo. Cuando Jesucristo entró a Jerusalén se estaba realizando en el Nuevo Testamento la entrada del arca del pacto. En el Antiguo Testamento, había sido entrada a hombros de levitas escogidos. En el Nuevo Testamento, Cristo entró sobre un asno. ¿Para qué entró?

Jesús entró para quebrantar el pecado en su casa y limpiar el Templo:

245

Y entró Jesús en el templo de Dios, y echó fuera a todos los que vendían y compraban en el templo, y volcó las mesas de los cambistas, y las sillas de los que vendían palomas; y les dijo: Escrito está: Mi casa, casa de oración será llamada; mas vosotros la habéis hecho cueva de ladrones.—MATEO 21:12-13

En la última semana de la vida de Jesús en la tierra hubo otra cosa que fue quebrada. Esta vez fue una mujer la que rompió un costoso frasco de alabastro y le ungió los pies a Jesús con el caro perfume que salió de él.

> *Entonces una mujer de la ciudad, que era pecadora, al saber que Jesús estaba a la mesa en casa del fariseo, trajo un frasco de alabastro con perfume; y estando detrás de él a sus pies, llorando, comenzó a regar con lágrimas sus pies, y los enjugaba con sus cabellos; y besaba sus pies, y los ungía con el perfume.*—LUCAS 7:37-38

En la noche en que Jesús fue arrestado, partió el pan con sus discípulos y comió con ellos su última cena:

> *Y mientras comían, tomó Jesús el pan, y bendijo, y lo partió, y dio a sus discípulos, y dijo: Tomad, comed; esto es mi cuerpo.*—MATEO 26:26

Cristo entró para romper. Para romper el pecado…para romper el frasco de alabastro…y para partir el pan.

246

Al comenzar este libro explicamos que el adorador del Tercer Día es a la vez cordero y león. En este capítulo nos encontramos cara a cara con Jesucristo, *el Cordero* que quita el pecado del mundo (Juan 1:29). **¿Qué se puede llevar mi pecado?** No es la sangre del león…**ni la sangre del águila… ni la sangre del oso…sino sólo la sangre** *del Cordero.* **¡Esa**

¡EN EL TERCER DÍA, USTED ES BENDECIDO PARA ROMPER LAS MALDICIONES DEL SEGUNDO DÍA!

es la que pudo hacerlo, y lo hizo!

EL ASNO

Debemos comprender que la gente por lo general rechazaba al asno, porque era débil. Todos los caballos se burlaban del asno, diciendo: "Sólo eres un asno. Nunca vas a servir para nada". Claro que sí, pero el asno sabía… Uno de estos días… uno de estos días…

Me puedo imaginar a Jesús evaluando y pensando cuál sería el animal que utilizaría para que lo entrara en Jerusalén:

* **"No quiero el caballo negro."**
* **"No quiero el perfecto."**
* **"No quiero el hermoso."**
* **"No quiero el popular."**

Lo puedo oír diciendo: "Yo usé a los de los años veinte, treinta, cuarenta, cincuenta, sesenta, setenta y ochenta". En el tercer día, Jesucristo escoge al adorador del Tercer Día… a la iglesia del Tercer Día… y al ministerio del Tercer Día.

* **"¿Sobre cuáles adoradores del Tercer Día voy a escribir?"**
* **"¿Sobre cuáles iglesias del Tercer Día voy a derramar mi presencia?"**
* **"¿Cuáles ministerios del Tercer Día voy a incendiar con mi fuego?"**

247

Él no va a escoger al perfecto, al hermoso ni al popular. Esto es lo que va a declarar: "Denme el asno. Me gustan los débiles. Me gustan los que sufren. Me gustan los que están heridos."

"Sobre ellos voy a cabalgar." Su día ha llegado, amigo.

Me puedo imaginar que aquel día en Jerusalén, el asno estaba pensando: *Siento algo*. Entonces llamó a esos otros animales y les dijo: "Oigan, mírenme ahora".

* 'Nunca he ganado en las carreras del Kentucky Derby.'
* 'Nunca he ganado en Belmont Stakes.'
* 'Nunca he participado en la Carrera de Jerusalén.'

"¡¡Pero adivinen quién lleva al Rey de reyes!!"

* "Yo entro con la unción."
* "Yo entro con la cruz."
* "Yo entro con la gloria."

Caballo… águila…oso… hombre de la denominación …señor Teólogo, doctor Erudito…señora Religión …señor Fariseo…adivine quién es el que entra con la gloria.

DURANTE DEMASIADO TIEMPO HEMOS ADORADO AL QUE LLEVA LA UNCIÓN, EN LUGAR DE ADORAR AL QUE LA DA.

Dios va a derramar su gloria, no sobre un caballo de raza… no por medio de los ministerios más escogidos, sino sobre un asno. Jesucristo entra triunfante una vez más con su gloria sobre la faz de este planeta, y lo va a hacer montado sobre asnos.

248

Yo soy uno de esos asnos, y la importancia no la tiene ni el asno ni el mulo; la importancia en el tercer día la tiene el Cordero.

* Ya llevamos demasiado tiempo adorando al asno.
* Y deberíamos estar adorando al Cordero.

Durante demasiado tiempo les hemos rendido culto a los hombres y mujeres de Dios que han sido usados para su honra y su gloria. Amigo, no adore al asno; adore al Cordero.

Usted está leyendo un libro escrito por alguien que reconoce que sólo es un asno, pero que sabe que lleva encima al Cordero divino.

LAS PALMAS

Saber esa realidad me ayuda a comprender la revelación de las palmas. Cuando nosotros entramos con el Cordero divino en nuestras ciudades, nuestras comunidades, nuestro mundo, muchos quieren alabar. Muchos vienen a ver. "Bendito el que viene en el nombre del Señor." (Marcos 11:9).

Amigo, comprenda que en el tercer día se les arrancan las ramas a los árboles. Es necesario que usted arranque del árbol su alabanza. Esa alabanza no sirve, a menos que sea arrancada.

CUANDO USTED TIENE EL CORAZÓN QUEBRANTADO, ES CUANDO LE DA A DIOS LA ALABANZA MÁS ELEVADA.

Yo he sido quebrantado, porque estoy a punto de darle a Dios mi alabanza más elevada. Usted ha sido quebrantado para que alabe. Mi alabanza le va a romper la columna vertebral al diablo. Comprenda que ellos no se limitaban a agitar las palmas, sino que también las tiraban al suelo.

* **Es necesario que usted camine sobre su alabanza.**
* **Es necesario que usted inunde su paso con alabanza.**

La gente usa las ramas de palma para refrescarse con un viento fresco. Aleluya: una alabanza basta para refrescarnos. Pero las muchas ramas hacen una sombra. Las muchas alabanzas crean una sombra, y allí es donde usted se puede cobijar en el tercer día. Cúbrase con las palmas que se agitan por encima de usted, y con las palmas de alabanza que hayan caído debajo de usted. Cúbrase con alabanzas. En el tercer día, Jesucristo se va a levantar triunfante. Muchos vendrán a glorificar su nombre.

* **¿Montado sobre quién va a entrar a Jerusalén?**
* **¿Montado sobre quién va a entrar a la ciudad de Nueva York?**
* **¿Montado sobre quién va a entrar a la América del Norte?**
* **¿Montado sobre quién va a entrar a la América del Sur?**
* **¿Montado sobre quién va a entrar al África?**
* **¿Montado sobre quién va a entrar a Europa?**
* **¿Montado sobre quién va a entrar al Asia?**
* **¿Montado sobre quién va a entrar a Australia?**

¿Sobre quién irá montado?

* **Irá montado sobre el asno.**
* **Irá montado sobre el pollino.**
* **Irá montado sobre el rechazado.**
* **Irá montado sobre el débil.**
* **Irá montado sobre el indeseable.**

Y mientras vaya sentado a horcajadas sobre estos adoradores del Tercer Día humildes y dispuestos, será Él quien reciba toda la honra, toda la gloria y toda la alabanza.

¿Eres un cristiano del tercer día?

250

VIVIR ANTE SUS OJOS: LOS REYES DEL TERCER DÍA

Él vive, *Él vive*, **Él vive**. Resuena la noticia. Las exclamaciones de un gozo insuperable fueron lanzadas por los cielos, mientras los ángeles, el Padre y la Creación entera, formando un solo sonido orquestado en perfecta armonía, gritaban: "¡Él vive!"

* **Como si no lo hubieran sabido.**
* **Como si hubiera existido alguna duda.**
* **Como si alguien hubiera titubeado por un breve instante.**

No, nadie lo dudaba. Era el plan del Padre. La Creación lo esperaba ansiosa… el Padre lo había predestinado… el mundo lo sabía. Sin embargo, aquel logro no trajo consigo esperanza para la divinidad, sino fe para la humanidad.

* **El suceso más grande del tercer día no fue que Abraham ofreciera a Isaac en el altar.**
* **El suceso más grande del tercer día no fue que el gran pez vomitara a Jonás.**
* **El suceso más grande del tercer día no fue que Jesús convirtiera el agua en vino.**

251

¡El suceso más grande del tercer día fue la Resurrección del Mesías!

Y les dijo: Id, y decid a aquella zorra: He aquí, echo fuera demonios y hago curaciones hoy y mañana, y al tercer día termino mi obra.—LUCAS 13:32

Y después que le hayan azotado, le matarán; mas al tercer día resucitará.—LUCAS 18:33

A éste levantó Dios al tercer día, e hizo que se manifestase.—HECHOS 10:40

Jesucristo, el Cordero de la gloria, resucitado de entre los muertos.

* **Quiero que lo sepa el diablo.**
* **Quiero que lo sepa Mahoma.**
* **Quiero que lo sepa Buda.**
* **Quiero que lo sepa Hitler.**
* **Quiero que lo sepa Lenin.**
* **Quiero que lo sepa Marx.**
* **Quiero que lo sepa Freud.**
* **Quiero que lo sepa Darwin.**
* **Quiero que lo sepan las brujas.**
* **Quiero que lo sepan los hechiceros.**
* **Quiero que lo sepan los de la Nueva Era.**

Esta mañana me levanté y lo comprobé: ¡La tumba está vacía, y su entrada está abierta de par en par!

* **La tumba sigue vacía.**
* **Su entrada sigue abierta.**
* **Jesucristo sigue vivo.**

Le dijo Jesús: Yo soy la resurrección y la vida; el que cree en mí, aunque esté muerto, vivirá.—JUAN 11:25

*El ladrón no viene sino para hurtar y
matar y destruir; yo he venido para que
tengan vida, y para que la tengan en abundancia.—JUAN 10:10*

Cristo salió de la tumba para poder entrar a vivir en
nuestro corazón.

SEPARACIÓN, ORIGEN, ACUSACIÓN Y DESTINO

En el tercer día, se rompieron cuatro cosas:

* **El velo se rasgó—para representar la sepa-
ración.**
* **La tierra se abrió—para representar el origen.**
* **Las piedras se quebraron — para representar
la acusación.**
* **La tumba se abrió—para representar el destino.**

LA TUMBA: LA SEPARACIÓN

*Y se abrieron los sepulcros, y muchos cuerpos
de santos que habían dormido, se levan-
taron.— MATEO 27:52*

En la tumba—el destino de la muerte eterna—vemos
caminar a hombres y mujeres que están muertos. Usted
y yo somos zombis del tercer día. ¿Por qué?

253

* **Porque yo estoy muerto, pero vivo.**
* **Porque yo estoy crucificado, pero vivo.**

*No todos dormiremos; pero todos seremos transformados, en un
momento, en un abrir y cerrar de ojos, a la final trompeta; porque
se tocará la trompeta, y los muertos serán resucitados incorruptibles,
y nosotros seremos transformados. Porque es necesario que esto*

corruptible se vista de incorrupción, y esto mortal se vista de inmor-
talidad. Y cuando esto corruptible se haya vestido de incorrupción, y
esto mortal se haya vestido de inmortalidad, entonces se cumplirá la
palabra que está escrita: Sorbida es la muerte en victoria. ¿Dónde
está, oh muerte, tu aguijón? ¿Dónde, oh sepulcro, tu victoria?

—1 CORINTIOS 15:51-55

En el tercer día, les hablaremos osadamente a la muerte y al sepulcro, y les diremos:

* **"¿Dónde está, oh muerte, tu aguijón?"**
* **"¿Dónde, oh sepulcro, tu victoria?"**

—1 CORINTIOS 15:55

Amigo, la muerte ya no lo tiene atrapado. La tumba ya no tiene dominio sobre usted. No sólo ha quedado aniquilada la muerte… no sólo ha quedado invertido su destino… sino que también las rocas que representan la acusación han quedado partidas por el medio.

Y he aquí, el velo del templo se rasgó en
dos, de arriba abajo; y la tierra tembló, y
las rocas se partieron.—MATEO 27:51

Aquello que lo estaba deteniendo se ha roto; la roca se ha partido. Tal vez se trate de las mismas piedras acusadoras que le habrían podido lanzar a la mujer adúltera (Juan 8:2-11).

254

Sí, amigo. Las piedras que los fariseos trataron de usar contra la mujer adúltera se partieron por el medio en el tercer día. **Las piedras que lo acusan se han partido.** Esas acusaciones se van a destruir antes de golpearlo. **Las acusaciones se destruirán antes de llegar a usted.**

EN EL TERCER DÍA, LAS ACUSACIONES SE DESTRUIRÁN ANTES DE GOLPEARLO A USTED.

Las cosas que lo estaban deteniendo se van a destruir antes de que lo dejen frustrado.

LA SANGRE DE JESÚS

La tierra, o el polvo de la humanidad, muere. La divinidad vive. El velo se rasga. ¿Qué se usó para realizar estas cosas? La sangre lo hizo. A un padre orgulloso le encanta alardear acerca del hijo al que adora, y le emociona ver a su hija con un vestido nuevo para el domingo de Pascua, diciéndole: "Papá, ¿te gusta mi vestido?" Los padres orgullosos de sus hijos presumen sobre ellos.

Jesús nos dice: "Levántate. Enséñale a papá lo que mi sangre hizo por ti. Vete delante del Padre y dile: 'Papá, ¿te gusta mi manto de justicia?'" En el tercer día, reconocemos el poder de la sangre. La sangre es la única forma de entrar.

> *Sino con la sangre preciosa de Cristo, como de un cordero sin mancha y sin contaminación.*—1 PEDRO 1:19

✳ **No se puede entrar al lugar santísimo a base de alabar.**

✳ **No se puede entrar al lugar santísimo a base de danzar.**

✳ **No se puede entrar al lugar santísimo a base de diezmar.**

255

Hay una sola forma de entrar, y es por medio de la sangre. Le tengo una noticia. Usted y yo nunca habríamos sido dignos de entrar.

✳ **Pero por la sangre lo podemos alabar.**

✳ **Pero por la sangre lo podemos adorar.**

✳ **Pero por la sangre lo podemos honrar.**

✳ **Pero por la sangre lo podemos glorificar.**
✳ **Pero por la sangre lo podemos exaltar.**
✳ **Pero por la sangre lo podemos magnificar.**

LEVANTÉMONOS COMO REYES DEL TERCER DÍA

Jesucristo resucitó como rey. No en balde, cuando María tuvo su primer encuentro con el Cristo resucitado… cuando los discípulos se encontraron con el Cristo resucitado… hubo un poco de perplejidad y confusión. ¿Por qué? Porque Él era diferente. Ya no llevaba la cruz de mártir, sino que llevaba los ropajes de Rey.

> *Aconteció que al tercer día se vistió Ester su vestido real, y entró en el patio interior de la casa del rey, enfrente del aposento del rey; y estaba el rey sentado en su trono en el aposento real, enfrente de la puerta del aposento.*—ESTER 5:1

En el tercer día nos ponemos nuestras vestimentas reales. El en tercer día ya no funcionamos como esclavos del primer día, ni como víctimas del segundo; funcionamos como Reyes del Tercer Día.

256 La mentira más grande del diablo ha consistido en engañar al cuerpo de Cristo para que nos creamos esclavos y víctimas. Sin embargo, es posible que usted pregunte: "Pero… ¿acaso no es Jesús el único rey?"

No; Jesús no es el único rey. La Biblia dice que Él es el Rey que está por encima de todos los reyes. Él es el Rey de reyes, y reina sobre los demás reyes.

Y cantaban un nuevo cántico, diciendo:

Digno eres de tomar el libro y de abrir sus sellos; porque tú fuiste inmolado, y con tu sangre nos has redimido para Dios, de todo linaje y lengua y pueblo y nación; y nos has hecho para nuestro Dios reyes y sacerdotes, y reinaremos sobre la tierra.—APOCALIPSIS 5:9-10

✳ **En nuestras iglesias, yo no veo drogadictos.**
✳ **En nuestras iglesias, yo no veo pecadores.**
✳ **En nuestras iglesias yo no veo gente religiosa.**
✳ **En nuestras iglesias yo no veo víctimas.**
✳ **En nuestras iglesias yo no veo esclavos.**

En cambio, sí veo…

✳ **Apóstoles**
✳ **Profetas**
✳ **Pastores**
✳ **Evangelistas**
✳ **Maestros**

¡Veo reyes!

En el tercer día ya no tenemos iglesias llenas de drogadictos, pecadores, gente religiosa, víctimas o esclavos. Tenemos iglesias llenas de apóstoles, pastores, evangelistas, profetas y maestros. Yo veo reyes.

Te alabarán, oh Jehová, todos los reyes de la tierra, porque han oído los dichos de tu boca.—SALMO 138:4

Cuando usted alaba, usted es rey.

¿Cómo saber que es rey? Por su alabanza. Que su alabanza sea una alabanza real. Que sea una alabanza digna de la realeza.

Pero el rey se alegrará en Dios; será alabado cualquiera que jura por él; porque la boca de los que hablan mentira será cerrada.—SALMO 63:11

¿QUÉ HACEN LOS REYES DEL TERCER DÍA?

❋ El rey David construyó una ciudad para Dios.
❋ El rey Salomón construyó un templo para Dios.
❋ Pero los reyes del Tercer Día construyen un Reino para Dios.

En el tercer día ya no vamos a construir cada cual su propia iglesia **o su propio ministerio, o su propio imperio. Nos vamos a unir para construir el Reino del Dios todopoderoso.**

Mas vosotros sois linaje escogido, real sacerdocio, nación santa, pueblo adquirido por Dios, para que anunciéis las virtudes de aquel que os llamó de las tinieblas a su luz admirable.—1 PEDRO 2:9

Los reyes del tercer día hacen cuatro cosas: alaban, gobiernan, decretan e indultan.

ALABAN

258

Básicamente, la alabanza es un reconocimiento de la divinidad y la soberanía de Dios. Un rey es alguien reconocido en cuanto a autoridad y poder. Por tanto, el rey no puede existir realmente mientras no reconozca que la autoridad y el poder que ha recibido no se han originado en él mismo, sino que proceden del Dios que está sobre él, y que es soberano y divino. Cuando reconoce esto, puede aceptar el hecho de un poder siempre existente que sólo puede otorgar alguien cuya autoridad es suprema: el rey principal. Por eso nuestro Dios no sólo es un Creador, sino que, más importante aún, es el Rey de reyes.

Un rey del Tercer Día es un rey de alabanza. En su corazón, su boca y sus labios permanece un reconocimiento conmovedor y activo del Rey que está sobre todos los reyes. Por esta razón, el salmista declara:

Porque Dios es el Rey de toda la tierra;
cantad con inteligencia. —Salmo 47:7

GOBIERNAN

Así como lo hace el Rey de reyes, Jesucristo, reina sobre todas las cosas, incluyendo el reino del infierno y Satanás mismo. ¿Por qué es Satanás el príncipe de las tinieblas? Porque no es el rey. Aun con todo su poder y dominio, él reconoce que su posición es limitada y no la de un rey.

¡Cristo es el Rey!

El Apóstol Pablo le escribió a la iglesia en Roma, describiendo que Cristo es el primogénito entre muchos y que la verdad irrevocable es que somos uno con Él. Como resultado, usted y yo somos reyes, y Él es el Rey de reyes—nosotros. Usted, mi hermano y hermana, es un rey o una reina. Por lo tanto, ya que toda autoridad ha sido entregada a Cristo, y a través de Él somos partícipes de Su naturaleza divina, usted y yo reinamos con poder y dominio.

¡Usted tiene el poder para reinar sobre las cosas en su vida!

* **No importa la situación**
* **No importa las circunstancias**
* **No importa la condición**

En el nombre de Cristo, en el tercer día usted reina sobre

259

las cosas. Y según reina, usted hace tres cosas:

* **Va al sepulcro**
* **Remueve la piedra**
* **Se sienta sobre esa piedra**

> *Y hubo un gran terremoto; porque un ángel del Señor, descendiendo del cielo y llegando, removió la piedra, y se sentó sobre ella.* —MATEO 28:2

* **Si un ángel que no ha sido lavado con la sangre de Cristo...**
* **Si un ángel que no ha sido sellado con el Espíritu Santo...**
* **Si un ángel que no ha sido llenado con la gloria del Padres...**

...puede ir al sepulcro, remover la piedra y sentarse sobre ella, entonces ¿cuánto más podemos hacer usted y yo como reyes que son gobernados por Cristo?

¡Amigo, usted tiene la autoridad de un rey para gobernar sobre las cosas que lo rodean, porque hay Uno llamado Cristo que reina sobre las cosas que estan en y alrededor de su vida!

> *De Jehová es la tierra y su plenitud; el mundo, y los que en él habitan. Porque él la fundó sobre los mares, y la afirmó sobre los ríos. ¿Quién subirá al monte de Jehová? ¿Y quién estará en su lugar santo? El limpio de manos y puro de corazón; el que no ha elevado su alma a cosas vanas, ni jurado con en-*

¡USTED, O ES UN ESCLAVO DEL PRIMER DÍA, O ES UNA VÍCTIMA DEL SEGUNDO, O UN REY DEL TERCERO!

gaño. Él recibirá bendición de Jehová, y justicia del Dios de salvación. Tal es la generación de los que le buscan, de los que buscan tu rostro, oh Dios de Jacob. Alzad, oh puertas, vuestras cabezas, y alzaos vosotras, puertas eternas, y entrará el Rey de gloria. ¿Quién es este Rey de gloria? Jehová el fuerte y valiente, Jehová el poderoso en batalla. Alzad, oh puertas, vuestras cabezas, y alzaos vosotras, puertas eternas, y entrará el Rey de gloria. ¿Quién es este Rey de gloria? Jehová de los ejércitos, Él es el Rey de la gloria. Selah. —Salmo 24*

Mientras que Cristo el Rey gobierne dentro de usted, usted—Su rey—puede reinar sobre esas cosas que le rodean. Hasta la tierra y todo lo que contiene están sujetas a usted porque el Rey de reyes reina en su vida.

Antes de la caída del hombre, Dios reinaba sobre Adán y lo ordenaba a gobernar sobre la creación. Por lo tanto, en el tercer día de avivamiento, al levantarse y vivir bajo Su sombra, usted debe gobernar. Vaya al sepulcro de esas áreas de su vida que están enterradas, remueva las piedras que impiden la entrada de Su gloria, y finalmente, no sólo remueva la piedra—¡siéntese sobre ella!

HAGA DE SU SITUACIÓN, CIRCUNSTANCIA Y CONDICIÓN UN TRONO SOBRE EL CUAL USTED REINE CON PODER.

261

Es hora de gobernar en el nombre de Cristo. Él es el Rey de reyes. En Él, a través de Él y por Él, nosotros somos reyes y reinas.

DECRETAN

Pero cuando se celebraba el cumpleaños de

> *Herodes, la hija de Herodías danzó en medio, y agradó a Herodes, por lo cual éste le prometió con juramento darle todo lo que pidiese. Ella, instruida primero por su madre, dijo: Dame aquí en un plato la cabeza de Juan el Bautista.* —MATEO 14:6-8

Si el rey Herodes tuvo poder para poner en un plato la cabeza de Juan el Bautista por petición de una joven que danzó delante de él, ¿qué poder no podría ejercer el rey Jesús por petición nuestra si nosotros danzáramos delante de Él? ¿Cuál sería la cabeza que pondría en el plato? Tenemos poder para danzar delante del Señor, y le podemos pedir al rey Jesús que nos de la cabeza del enemigo en un plato.

Ya es hora de que usted dance ante el Rey. Cuando usted dance ante el Rey, Él le pondrá en un plato la cabeza del enemigo. Es decreto de rey. Necesitamos reyes en nuestras iglesias. Necesitamos reyes en nuestros altares.

La iglesia que pastoreo es una iglesia de reyes y reinas. Tal vez no les parezcan reyes a quienes los rodean…

* **Tal vez les parezcan antiguos drogadictos y prostitutas.**
* **Tal vez les parezcan antiguos homosexuales y personas alienadas.**
* **Tal vez parezcan corredores de bolsa y banqueros de Wall Street de hoy.**
* **Tal vez parezcan comerciantes y policías**

  Pero en realidad son reyes del Tercer Día.

En el segundo día, llevaban una etiqueta humanista. En cambio, en el tercer día se dan cuenta de que hemos sido escogidos para ser reyes.

Mas vosotros sois linaje escogido, real sacerdocio, nación santa, pueblo adquirido por Dios, para que anunciéis las virtudes de aquel que os llamó de las tinieblas a su luz admirable. —1 PEDRO 2:9

* Yo pastoreo reyes del Tercer Día.
* Yo tengo comunión con reyes del Tercer Día.
* Yo oro con reyes del Tercer Día.
* Yo alabo con reyes del Tercer Día.
* Yo adoro con reyes del Tercer Día.
* Yo ayuno con reyes del Tercer Día.

¡Dance, rey, dance! Al danzar, cada paso, cada movimiento será un decreto viviente, vibrante y activo que colocará sobre un plato la cabeza de su enemigo. ¡Así que dance! Pero esta no es una danza cualquiera.

* Más que una expresión física...
* Más que una emoción pasajera...
* Más que un entendimiento sicólogico...

...esta danza es el movimiento contínuo de su alma danzando con el Espíritu de Dios, al ritmo de la resurrección, donde la orquesta de la gracia está entonando el cántico de la redención. Esta canción y danza es revivida, exaltada y vive en la presencia de Dios. Y ahora que esta danzando, digale al Rey de reyes que coloque sobre el plato la cabeza de su enemigo.

263

* Coloque la depresión sobre el plato.
* Coloque la opresión sobre el plato.
* Coloque la enfermedad sobre el plato.
* Coloque la esclavitud sobre el plato.
* Coloque la pobreza sobre el plato.
* Coloque la muerte sobre el plato.
* ¡Coloque todo sobre el plato!

PODER PARA INDULTAR

Los reyes del Tercer Día tienen el poder de perdonar las deudas.

VIVIMOS CON LA UNCIÓN DE REYES PARA ALABAR... PARA GOBERNAR... PARA DECRETAR... Y PARA INDULTAR.

Y perdónanos nuestras deudas, como también nosotros perdonamos a nuestros deudores.—MATEO 6:12

La capacidad más poderosa que tienen los reyes del Tercer Día es la de perdonar a quien ha actuado mal. Cuando usted aprenda a perdonar, entonces será legítimamente un rey del Tercer Día.

✳ **Mientras no aprenda a perdonar a los que le han hecho mal...**

✳ **Mientras no aprenda a perdonar a los que le han fallado...**

✳ **Mientras no aprenda a perdonar a los que no han estado a la altura de sus expectaciones...**

nunca será un rey del Tercer Día.

GLORIFICADO, PERO NO RECONOCIDO

En el tercer día, Jesucristo resucitó como rey. Es importante observar que cuando fue glorificado, no fue reconocido de inmediato. En el tercer día, no nos van a reconocer.

✳ **Aunque no lo reconozcan, sí lo van a tocar.**

✳ **Aunque no lo reconozcan, sí van a palpar sus heridas.**

✳ **Aunque no lo reconozcan, sí lo van a seguir.**

✳ **En el tercer día, es posible que no lo reconoz-**

264

can, pero lo van a ver ascender.

En nuestro caso, cuando nuestro Rey de reyes vuelva para llevarnos consigo a su reino a fin de que reinemos y gobernemos con Él, los que estén en la tierra tal vez nos vean desaparecer delante de sus propios ojos.

¿A QUIÉNES VA A HACER REYES?

En el tercer día, ¿a quiénes hace reyes Dios? El llama pescadores… obreros… gente que lo ha negado… para que se le acerquen a fin de convertirlos en reyes.

Cuando usted lo haya perdido todo, Dios lo convertirá en rey.

> *Entonces aquel discípulo a quien Jesús*
> *amaba dijo a Pedro: ¡Es el Señor! Simón*
> *Pedro, cuando oyó que era el Señor, se ciñó*
> *la ropa (porque se había despojado de ella),*
> *y se echó al mar.—JUAN 21:7*

Él le va a preparar la comida. Él lo va a llamar para pescar, alimentarse y seguirlo. Prepárese. Ha llegado la hora de que usted sea un rey del Tercer Día. Somos un sacerdocio real, y somos reyes. Podemos entrar al lugar santísimo. Tenemos las campanillas, y esas campanillas están sonando dentro del lugar santísimo.

265

En el tercer día, ya no tenemos una soga atada a la cintura. Hemos cortado la soga. Esa soga religiosa del segundo día ha sido cortada porque, aunque muramos, moriríamos en su presencia.

Si morimos en su presencia, viviremos

YO PREFERIRÍA MORIR EN SU PRESENCIA A VIVIR FUERA DE ELLA.

en su gloria. Yo prefiero morir en la presencia de Dios a vivir en la presencia de los hombres.

* **Reunir al cuerpo.**
* **Reunir a los santos.**
* **Reunir a los creyentes.**
* **Reunir a los adoradores.**

O es un esclavo del primer día, o una víctima del segundo, o un rey del Tercero. Por consiguiente, ésta es la pregunta que permanece delante de usted:

¿Eres un cristiano del tercer día?

* **¿Es usted un cordero del segundo día, o un león del Tercero?**
* **¿Es usted un trabajador del segundo día, o un adorador del Tercero?**
* **¿Es usted una uva del segundo día, o vino del Tercero?**
* **¿Es usted un movedor de montañas del segundo día, o un alpinista del Tercero?**
* **¿Es usted un seguidor del segundo día, o un Loco del Tercero?**
* **¿Es usted una víctima del segundo día, o un rey del Tercero?**

Usted pertenece al Tercer Día: bienvenido al Tercer Día.

266

EL CHOQUE FINAL

Todas las naciones se han reunido para ir contra los hijos de Dios. Las naciones se han reunido en el valle de Meguido.

* **Están listos para aniquilar.**
* **Están listos para destruir.**

✳ **Están listos para anular.**

La tierra está preparada. Han pasado siete años. Ya ha llegado el momento.

✳ **Jesucristo se monta sobre su caballo..**
✳ **Tiene una espada en las manos.**
✳ **Lleva un ardiente fuego en los ojos.**
✳ **Lleva una cruz que le cubre un lado del pecho hasta la cintura.**

Reúne a los ejércitos de Dios, los cuales permanecen ante Él en posición de firmes. Y lanza una voz resonante…

¿Listos?

Enseguida, los arcángeles se le acercan para decirle: "¡Nosotros vamos a cabalgar contigo, y a pelear!

Jesucristo les contesta: "Yo sé que ustedes quieren hacerlo, pero hay otro ejército".

✳ **Hay un ejército que me va a acompañar en esta batalla.**
✳ **Éstos son los que se van a abrir paso conmigo en esta batalla.**

¿Quiénes formarán ese ejército?

En ese instante, Cristo convoca al ejército.

267

✳ **El cuerpo**
✳ **La iglesia**
✳ **La novia**

Los adoradores del Tercer Día

Los convoca a todos. Los que han sido redimidos por la sangre del Cordero toman sus posiciones.

¡El lanza un grito!

* **¿Quién va a pelear junto conmigo?**
* **¿Quién va a cabalgar junto conmigo?**

En ese día, usted comprenderá el verdadero valor que tiene el hecho de pertenecer al tercer día, porque nosotros vamos a cabalgar junto con Él, y también vamos a reinar junto con Él.

¡USTED ES DE LOS DEL TERCER DÍA!

De Calvary Worship Center a

Third Day Worship Center

El 13 de septiembre de 1998, nació la iglesia Calvary Worship Center. Los pastores Samuel y Eva Rodríguez fundaron ese santuario como una iglesia multicultural que consiste de tres congregaciones con tres distintos idiomas—inglés, español y portugués.

✳ **El crecimiento de cerca de 90 miembros a 1,500 en menos de dos años fue reconocido internacionalmente.**

✳ **Los programas de televisión y radio que alcanzan 108 y 48 países respectivamente fueron reconocidos como entre los de más audiencia dentro de cada estación anfitriona.**

✳ **Otras iglesias afiliadas a Calvary Worship Center fueron establecidas en los Estados Unidos y Sur América.**

✳ **El Reverendo Rodríguez viajó a través de los Estados Unidos, el Caribe y América Latina para ministrar la Palabra de Dios a las personas de habla inglesa e hispanoparlantes.**

El ministerio fue considerado un éxito. Sin embargo, era una iglesia del primer y segundo día. Pero en el tercer mes de su existencia un acontecimiento divino tuvo lugar en la vida de los pastores Samuel y Eva. Dios les habló más allá de sus cuerpos, mentes y almas y le comunicó a sus espíritus el mensaje del Tercer Día.

Nos dará vida después de dos días; en el tercer día nos resucitará, y viviremos delante de él. —Oseas 6:2

Desde ese momento Dios comenzó una revolución en Calvary Worship Center que hizo que la predicación, las enseñanzas, la alabanza, la adoración y la intercesión escalaran del primer y segundo día y entraran en el Tercer Día. De ahora en adelante esta iglesia no tendría un enfoque de crecimiento para su nombre, identidad y reputación, pero se concentraría en construir y avanzar el Reino de Dios.

Por consiguiente, Calvary Worship Center nació, fue crucificada y enterrada. ¡El 18 de junio del 2000 nació el Third Day Worship Center! La misión:

EMPLEAR, HABILITAR, ENRIQUECER Y REALZAR INDIVIDUOS, FAMILIAS, VECINDARIOS Y COMUNIDADES ALREDEDOR DEL MUNDO PARA EL SERVICIO DE JESUCRISTO QUE POSEAN EL PODER DE LA RESURRECCIÓN PARA EXPERIMENTAR EL AVIVAMIENTO, SER LEVANTADOS Y VIVIR BAJO SU REGAZO.

Lo invitamos a que nos visite cuando se encuentre en el área o en Internet

Third Day Worship Center
2252 Forest Avenue • Staten Island, NY 10303
(718) 273-1111
www.thirddayworshipcenter.org